アドラー 人生を生き抜く心理学

岸見一郎

Kishimi Ichiro

NHKBOOKS 1155

NHK出版［刊］

Printed in Japan
［校正］酒井清一（白鳳社）
［本文組版］天龍社

目　次

序章　アドラー心理学とは――常識へのアンチテーゼ

常識を疑う

　十九世紀後半のウィーンには、その後の心理学の歴史を大きく変えることになった巨匠たちが綺《き》羅星《らぼし》のごとく現れた。しかし、欧米では今もジグムント・フロイト、カール・ユングと並んで必ず言及されるアルフレッド・アドラーの名前は、日本ではあまり知られていない。

　アドラーは、既成の価値観を追認するのではなく、社会や文化の価値観を徹底的に疑うことから始める。それは既成の価値観が必ずしも間違っているからというわけではない。ある社会や文化において価値あることとされることは決して最初から自明のものとして与えられているわけではないので、たとえ自明とされていることでも、一度いわば白紙に戻して考えるという意味である。

誰もが同じになるわけではない

　トラウマ（心的外傷）やＰＴＳＤ（心的外傷後ストレス障害）という言葉が日本でよく使われるようになったのは、一九九五年の阪神大震災以降である。心理学のことを知らない人にも、今やよく知られている言葉だろう。大きな自然災害、事故、事件などに遭遇することで心が傷つけられるために起こり、トラウマを受けた人には、そのために強い抑うつ、不安、不眠、悪夢、恐怖、無力感、戦慄《せんりつ》などの症状が起こるというのである。

これらのことによって、強いショックを受けたことは間違いない。しかし、その後の人生における諸段階で、何かのことで行き詰まった時、そのことをトラウマによると考えることに問題はないだろうか。

大阪の池田であった児童殺傷事件の後、ある精神科医がテレビのインタビューに答えて、今回の事件に関わった子どもたちは、今は何もなくても、人生のいつかの段階で必ず問題が起こる、と語っていた。「必ず」問題が起こるのだろうか。

子どもたちはやがて成人し、結婚するだろう。当然、結婚生活がうまくいかないということもあるだろう。その時、事件の場に居合わせたことが、二人がうまくいかないことの原因なのだろうか。結婚生活がうまくいかないのは、二人の関係そのものの問題であって、遠い過去の出来事に原因があるとは思えない。自分が犯した罪の原因を貧困に求めた人があった。それを聞いた彼をよく知っている人がいった。「皆、貧しかった」と。

総じて、同じ経験をしたからといって、誰もが同じようになるわけではない。地震がもたらした被害は甚大なものであり、その復旧には時間がかかったけれども、多くの人が立ち直り、地震の前と同じように、学校や職場に戻ったということを誰も否定しないだろう。

原因論の問題

過去の出来事に今の問題の原因を求めてみたとしても、それで問題が解消するわけではない。「問題」をなんとかしようとするなら、これからどうすればいいのか考えていくしかない。過去に今の問題の原因を探せば、それまで気づかなかった出来事が思い出される。その作業に手を貸す精神科医やカウンセラーはいう。

「あなたが悪かったのではない、あなたのせいではない」

たしかにそのようにいわれたら、楽になれるかもしれない。人のせいにすればいい、人のせいにできなかったために、ここまで苦しんだのだから、とカウンセラーが本の中で書いているのをいつか読んだことがあった。

しかし、過去のあれやこれやの出来事を持ち出すだけでは何の解決にもならない。これはたとえてみれば、病院で医師から風邪という診断をされるだけで、治療も投薬もされないのに等しい。どれほど詳細に風邪を引いた原因が説明されても、風邪はその説明によっては少しもよくはならない。

原因が明らかになって、その原因を変えることによって、症状が改善するということは考えられるが、過去の出来事が今の問題の原因であるのなら、それが起きた過去まで遡《さかのぼ》ることは、タイムマシーンがない限り不可能である。そうすると、問題は解決しないことになる。

しかし、過去に原因があると考えたい人はいる。あなたのせいではない、といわれた人は、今、自分が生きづらいことを親のせいにし、親の育て方に問題があったのだと考えて親を責める。自分は悪くはなかったと思いたいのである。しかし、そのようなことをしてみても、今、これから何ができるかを考えることによってしか、一歩も前に進むことはできないではないか。これからどうしたいのかを考え、目を過去ではなく未来に向けること。これが、これから詳細に見ていくことになるアドラーの考えである。

自分が決める

過去の出来事や親の育て方、環境などから何かしらの影響を受けないということはないだろうが、アドラーは、人はそれらの外界からの刺激に翻弄されないと考える。人は、不安や怒りなどの感情や他の何であれ、強制力を持った何かによって、いわば後ろから押され、自分の意志に反して心ならずも何かを選ぶような存在ではないのである。

ただし、何が自分にとって有用で、幸福に生きることを可能にするかという判断に誤ることはある。アドラー心理学の特徴は、どうすれば幸福になれるのか、いかに生きていくのかについて明白なイメージを持っていることである。

アドラーが語る言葉は、時に厳しく響くが、しかし、今生きづらいと思っている人があれば、そのことの原因を過去に遡って探るのではなく、これからどうすればいいかを語りかける希望の言葉である。

アドラーは次のようにいっている。

「人間を理解するのは容易ではない。個人心理学は、おそらくすべての心理学の中で、学び実践することが、もっとも困難である」（Adler, *What Life Could Mean to You*）＊以下、アドラーの著作については書名のみを記す。

アドラーは自らの心理学理論「個人心理学」について、こんなふうに書いているが、理解することが難しいわけではない。ただし、アドラーの考えを受け入れることに抵抗する人はあるかもしれない。

アドラーの思想は、時代を一世紀先駆けしている、と評されることもあるが、やがて明らかになるように、アドラーの没後一世紀近くを経過した今日でも、時代はアドラーに追いついていないように見える。人類は、いまだアドラーが構想した世界を現実には見ていないのである。

この時代を先駆けしたアドラーの思想を学ぶことの意味は、本書を読み進むにつれて明らかになるだろう。

第一章　フロイトとの出会いと訣別——欲求の根源をめぐって

劣等感を超えて

私はアドラーの考えにもとづいて長くカウンセリングをしてきたが、自信に満ち溢れた人が相談に来ることはない、といっても過言ではない。個人的な話から始めることを許していただけるなら、私は、子どもの頃から背が低く、それさえなければ自分の人生はもっとうまくいくであろうと思い込んでいた。もちろん、そのことを他の人に相談したところで、なんだ、そんなことか、といわれることが多かった。

実際、その後、例えばベートーヴェンは音楽家なのに耳が不自由であり、第九交響曲が初演された時には、ベートーヴェン自らが指揮したが、曲が終わり聴衆の拍手を受けても気づかなかったというような話を聞くと、自分の悩みなど取るに足らぬものだと思わないわけにいかなかった。

それでも、本人にとっては重大問題であり、私が受ける相談も、生活に実際の支障をきたす障害についてではなく、外見や容姿についてのことが多い。誰もが美人と認めるであろうような人が、美人でないといったり、器量の衰えに悩んだり、またどう見ても痩せている人が太っていることを苦にするというようなことである。

私は、外見的なことでは人に認められることはないだろうと考えて、人に負けないために、がむしゃらに勉強をしたが、これは不純な動機といわなければならない。

このように自分が他の人と比べて劣っていると感じることを「劣等感」という。またその劣等感を克服する努力をすることを「補償」という。この劣等感や補償という言葉は、今日誰もが知って使っているが、それを今日使われている意味で最初に使ったのが、本書の主人公のアルフレッド・アドラーである。

このような主観的な劣等感の他に、アドラーは、ベートーヴェンのケースのような、生活に支障をきたしうる身体の障害を「器官劣等性」と呼んでいる。器官劣等性があっても誰もが劣等感を持っているわけではなく、器官の弱さそれ自体が問題なのではない。事実、障害を克服して生きている人は多い。

序章で見たように、人間は、過去の経験やまわりの出来事によって、今のあり方が決められるのではない。アドラーは器官劣等性の研究から始めて、今もなお新しい不朽の価値を持った心理学を打ち立てた。本章では、アドラーがジグムント・フロイトとどのようにして出会い、学説の本質的な対立によってやがてフロイトと訣別していったかの経過を見たい。

フロイトとの出会い

アドラーは一八七〇年にウィーンの郊外のルドルフスハイムでユダヤ人の家庭に生まれた。家族の期待を担ってウィーン大学の医学部に入学した。当時は、精神科の科目は必修ではなかったので、大学では精神科医としてのトレーニングを受けていない。アドラーが在籍していた頃、フロイトがヒステリーについて講義をしているが、この講義にアドラーは出席しなかった。アドラーがフロイトに出会うまでには、なお歳月が必要だった。

大学卒業後、最初は眼科医として働き、一八九七年に結婚した後、内科医として開業した。アドラーの友人で小説家のフィリス・ボトムによれば、フロイトの『夢判断』が一九〇〇年に出版された時、『新自由新聞』に嘲笑する記事が出たが、アドラーはフロイトを擁護する投稿をした(Bottome, *Alfred Adler*)。

現代における名声を考えると信じられないことだが、当時のウィーンの医学界ではフロイトを嘲笑するのが流行だった。フロイトはアドラーを個人的には知らなかったが、アドラーは既にウィーンにおいて新進気鋭の医師として知られていたので、その擁護はそれなりの重みがあった。アドラーにすれば、医師会全体の雰囲気に反対することは勇気がいることだったであろう。その記事を目にしたフロイトが、感謝の葉書をアドラーに送り、自らが主宰する精神分析の非公式セミナー(後に「水曜心理学協会」として知られることになる)に招いた、といわれている。しかし、この新聞に『夢判断』の論評記事も、アドラーの投稿も見つかっていないので、実際のところ、アドラーとフロイトがどのようにして互いを知るようになったかは、十分にわかっていない。

アドラーの伝記作家であるアメリカの心理療法家のエドワード・ホフマンによれば、確かなこととして知られているのは次のことである。フロイトの元で心因性のインポテンツの症状を軽減する、短期間の効果的な治療を受けたウィーンの医師であるヴィルヘルム・シュテーケルが、人間の心についてのフロイトの洞察に感銘を受け、一九〇二年にフロイトのアプローチに関心がある他の同僚のために、週に一度の集まりを組織するようフロイトを説得した（ホフマン『アドラーの生涯』）。フロイトは、当時、専門家としては孤立していると感じていたので、この提案を歓迎し、シュテーケルと他三人のウィーンの医師に診療所での非公式の勉強会へ招待する葉書を送った。そして、この会の五人目で一番若いメンバーがアドラーだった。フロイトがアドラーに宛てて出した葉書は次のようなものだった。

親愛なる同僚
うれしいことに同僚と弟子の小さなグループが、私の家で週に一度、夜八時半から心理学と神経病理学という興味深いテーマで勉強会を計画しています。ライトラー、マックス・カハネ、シュテーケルがくることになっています。参加なさいませんか？　次の木曜日に集まります。おこしいただけるかどうか、そして木曜の晩でご都合がよいかどうか、あなたの好意的なお返事を期待しています。
あなたの仲間として心から
フロイト

フロイトがアドラーを招待したのは一九〇二年の十一月のことだった。後に見るように、アドラーは、やがて活動の拠点をアメリカに移すのだが、彼はフロイトが自分に宛てて書いた「親愛なる同僚」で始まるこの葉書を、数十年後、アメリカの新聞記者たちに見せた。二人は学説の違いから訣別したが、しばしば誤解されるように、自分はフロイトの弟子ではなく、対等の研究者であったこと、フロイトが知的な交わりを求めてきたのであって、逆ではなかったことの証拠としてである。ともあれ、フロイトがアドラーを招待したことが、アドラーのその後の人生はもとより、その後の心理学の歴史を変えたといっても過言ではない。

アドラー、カハネ、ライトラー、シュテーケルは、葉書に記された日にフロイトの住んでいるアパートに集まった。アパートには広い診察室があり、その待合室で活発な議論が始まった。最初の頃の集まりでは、仲間同士にこやかな様子で、活発な議論がなされ、その雰囲気は温かい一体感のあるものだった。

フロイトは、アドラーをもっとも創造的で鋭い意見の持ち主と見なしていた。しかし、互いに尊敬していたが、二人が友人になることはなく、また最初の四年間はこの会の議事録が残っていないこともあって、アドラーがこの会からどんな影響を受けたかはよくわかっていない。

器官劣等性

アドラーはフロイトと研究を共にしていた頃から、既に幼児の生活に困難をもたらすような身体的なハンディキャップを「器官劣等性」と呼び、それの性格形成に及ぼす影響について研究していた。

一九〇六年に、アドラーは、水曜心理学協会で「神経症の器官的基礎」という題で発表した。近く出版されることになっていたアドラーの最初の著書を要約したものである。

まず、事実上すべての神経症は、何らかの器官劣等性、とりわけ特定の器官の弱さ（視覚器官や聴覚器官の弱さなど）から起こるということ。次に、性的な問題の主な原因は、このような生まれつきの弱さにあるということ。体質的な弱点は性的能力にも影響を及ぼすからである。第三に器官劣等性のある人は、社会に適応するために、その劣等性を克服しようとすること。この劣等性を克服する過程は「補償」と名づけられた。これはしばしば過補償になる。どこで補償をやめればいいかわからないからである。耳が聞こえなくなったベートーヴェンや、言葉が不自由だったが雄弁家として名を成した古代ギリシアのデモステネスなどが例に引かれた。この三番目の論点は会の参加者、とりわけフロイトの注目と関心を引いた。

アドラーがこの器官劣等性の理論に到達したことの背景には、アドラー自身が幼い頃、くる病のために、身体を自由に動かすことができなかったということがある。両親はアドラーに体力をつけさせるために、アドラーが戸外で遊ぼうとすることを助けた。ウィーンの郊外にあった家の後ろには広い草地があり、そこで多くの友人たちとの激しい遊びに加わり、やがてくる病はすっかりよくなった。しかも、病気がよくなっただけではなく、友達思いで活発なアドラーはどこに行っても人気者になった。

もう一つの背景としては、アドラーが一八九七年に結婚してすぐに有名な遊園地への入り口であるプラーター地区のツェルニーンガッセ七番地で内科医として開業した際、遊園地で働いていた人たちを治療したことがある。アドラーは、並外れた体力と技で生計を立てていた彼らの多くが幼い頃生まれつきの弱さに苦しんだが、その後、努力してその弱さを克服したことを見たはずである。

この時の発表は、翌年の一九〇七年に出版した『器官劣等性の研究』として結実する。フロイトは、アドラーの器官劣等性の補償についての考えを基本的には認めたものの、この考えが、リビドー（性欲を発動させる力）が人間のパーソナリティの基礎であるという自分の学説にとって脅威になることを感じた。

アドラー自身も、生まれつきの弱さとそこから結果する劣等性を十分補償できなかった時に、神経症が生じるという考えを後に放棄するのだが、フロイトは劣等性を補償しようとする欲求をリビドー以外の形でとらえるアドラーの考えを認めるわけにはいかなかった。

攻撃欲求

アドラーの『器官劣等性の研究』が出版された年、協会内部に大きな変化が進行していた。会員は全体で二十二人になったが、協会が大きくなるにつれて、会の雰囲気が変わっていったのである。翌年、水曜心理学協会は「ウィーン精神分析協会」へと改名した。最初の頃の温かい一体感は失われ、会員は互いに闘争的になり、個人攻撃を行うようになった。しかしアドラーは、この雰囲気に巻き込まれることはなく、争いを調停する役割を果たした。

アドラーがフロイトから離れるもう一つの契機になったのは、攻撃性についての理論を発表したことである。アドラーは「一般の人と神経症者における攻撃欲求」という論文（一九〇八年）で、性的欲求と攻撃欲求が存在することを論じた。いずれも快楽を獲得することを目指しているが、前者についてはフロイトが包括的に論じているので、アドラーは後者の攻撃欲求に焦点を合わせて論じた。

「最初の日（最初に泣いた時）から、敵対的としか呼ぶことのできない子どもの周囲への姿勢を見ることができる。より仔細に検討すると、この態度は、器官のための快楽を得るのが困難であることによって決定されているのがわかる。この状況、及び個人の周囲に対する敵対的で好戦的な態度が生み出す人間関係は、満足を求めて闘う、私が攻撃欲求（Aggressionstrieb）と呼ぶところの衝動を示している」（*Heilen und Bilden*）。

子どもは、生まれてすぐに快楽を得ようとするが、子どもは小さく、敵対的な周囲の世界は子どもが快楽を得ることを妨げる。そこで、満足を求めて闘いたいという欲求が、子どもに発達する。本来の攻撃欲求は叩いたり咬《か》んだり、ぞっとする行いにその純粋な形が見られるが、スポーツ、競争、決闘、戦争、支配欲、宗教的・社会的・国家的・人種的闘いなど破壊的、攻撃的な行動へと帰結する。しかし、それだけではなく、有用な行動、資質をも引き出す。

フロイトは、先に見たように器官劣等性を補償する欲求をリビドーの他に認めなかったのと同様、攻撃欲求がリビドーや性的欲求とは独立に存在するというアドラーの考えを認めるわけにはいかなかったが、後に、第一次大戦での残虐行為を見ることで、生得的な攻撃衝動があることを認めることになる。

他方、アドラーの方は、後にフロイトが認めた生得的な攻撃衝動を否定するようになる。アドラーもフロイトも、同じ第一次世界大戦を契機として、人間の本性について、まったく反対の考えに到達することになる。なぜこのようなことになったのかは、後にアドラーの鍵概念である「共同体感覚」について見る時に、考えてみたい。それは二人の思想の差異を見届けるためではなく、人間の本性についてどう見るかによって、これからの世界の行く末まで見極めうるからである。

アドラーは、攻撃欲求が破壊的、攻撃的な行動に帰結することがあるというけれども、それが有用な行動、資質をも引き出すことを指摘していることに注意するならば、「攻撃欲求」という名称は適切とはいえない。それが慈悲、同情、利他主義、不幸に対する思いやりのある関心など社会的に有用なチャネルへと変容（kulturelle Verwandlung）しうることを示唆しているからである。アドラーは、そのような変容をもたらすものとして、一九〇八年の論文では、この欲求は「文化」（Kultur）によって規定される、と書いているが、後に一九一四年に出版された *Heilen und Bilden*（治療と教育）にこの論文が掲載された時には、この「文化」を「生まれつきの共同体感覚」に置き換えている。

このようにアドラーのいう攻撃欲求は、人間の中に潜み、時に激しく現れる攻撃本能という意味ではなく、社会的に有用なチャネルに変容されることまでも視野に収めたものである。後に共同体感覚を提唱するに至った経緯とその意味を考察する際に問題にするように、アドラーは諍《いさか》いや戦争にまで連なるような攻撃本能というものを、そのままの形では認めない。

愛情欲求

同じ一九〇八年、アドラーは「子どもの愛情欲求」という論文を書いている。この中でアドラーは、人は皆、内在的な愛情欲求を持っていると主張しているのだが、これを「触れ、見、聞く」という生物学的な欲求の合流〔相互作用〕に帰している。子どもの発達の大部分は、この欲求の複合を適切に導くことにかかっている。

この愛情欲求が早い時期に現れることは、「十分に顕著であり、よく知られている。子どもたちは甘やかされほめられたい、と思っている。子どもたちは寄り添うこと、常に愛する人の近くにいて、同じベッドで眠ることを欲するものである。この欲求は、後に愛情に満ちた関係を目指すようになる。そこから身内のものを愛したり、友情や、共同体感覚や愛が生じる」。「子どもの発達の大部分は、この欲求の複合を適切に導くことにかかっている……衝動は満足を得る前に、〔子どもが〕文化的にふるまいたいと思うように迂回させるべきである。このようにして愛情を求める方法と目標はより高いレベルへと引き上げられる。それによってもたらされた純粋な共同体感覚は、目標が別の形を取りさえすればすぐに〔子どもの〕心に目覚める……〔しかし〕もしも子どもが……待つということ〔を学ぶこと〕なしに原始的な種類の満足に到達するだけであれば、子どもの欲求は直接の、感覚的な欲求へ向けられたままである」

先に見た攻撃欲求が、後に「生まれつきの共同体感覚」に置き換えられた「文化」によって社会的に有用なチャネルに変容されるとされたように、ここでは愛情欲求はそのまま満たされるのではなく「文化的」にふるまいたいと思うように、より高いレベルへと引き上げられることで「純粋な共同体感覚」が子どもの心に目覚めるとされている。

後にアドラーが甘やかしを強く批判することを見るが、子どもたちが甘やかされ、ほめられたいと願っていても、その欲求はそのまま認められるべきではない。「愛情」（Zärtlichkeit）が「甘やかし」（Verzärtelung）になりうるのである。そこで「愛情欲求が取りうる誤った方向」は正しく導かれなければならない。そして、この方向を与えるのが共同体感覚であり、社会の益になるように適切に導かれなければならない。

後に見るように、アドラーが正式に共同体感覚の概念を提唱するのは、第一次世界大戦中なのだが、その思想の萌芽は既にフロイトと活動を共にしていた時期からあったわけである。

ホフマンは、フロイトがこの愛情欲求についてのアドラーの論文を見落とした可能性を示唆しているが（ホフマン『アドラーの生涯』）、もしも目に留めていれば、ここでもアドラーが愛情欲求をリビドーとは独立に存在すると主張している点に異議を唱えたであろう。

先に見た攻撃欲求にしても愛情欲求にしても、リビドーと並べて人を動かすエネルギーととらえるだけでは、人を動かす力を一つに限定しなかったという意味でフロイトとの差異は認められるとしても、いまだアドラーは飛躍的な発想に到達していない。以上見たことから、アドラーが一九〇八年の時点で、攻撃欲求と愛情欲求に方向を与えるものとしての共同体感覚を萌芽的にではあっても構想し始めていた、と考えることができる。

訣別まで

一九一〇年の冬までに、フロイトは、協会の発展によって自分が疎外されていると感じるようになった。この頃までには協会にはアドラーを初めウィーンの会員に加えて、ハンガリーのサンドル・フェレンツィ、イギリスのアーネスト・ジョーンズ、スイスのカール・ユングらが参加したが、アドラーはこれらの人たちと近くなることはなかった。

一九一〇年には、精神分析協会の二回目の国際会議がドイツのニュルンベルクで開かれ、「国際精神分析協会」が設立された。その会長にはチューリッヒのユングが選ばれた。このことは最初から会に属していたウィーン派の会員にとって嬉しいことではなく、彼らはこの人事に反発した。

当初、ユングが終身会長を務めるという提案がなされたが、妥協案として国際協会の会長の任期は二年とし、アドラーが新しい議長、及び協会の機関誌『精神分析中央雑誌』の編集長になった。

ウィーン精神分析協会は、最初の頃とは違って共同で研究するというより、会員同士の競争が激しくなった。会員も増え、それまでの場所が手狭になった時、アドラーはカフェを代わりの場所として提案したが却下された。カフェのような雰囲気をフロイトは好まなかったのである。こうして会の雰囲気は形式張ったものになっていった。

そして、この頃からアドラーは、フロイトとは異なった見解をいよいよ発展させた。先に言及した一九〇八年の時点で、自ら使った攻撃欲求の概念について、アドラーは後に(一九三一年)次のようにいっている。

「一九〇八年に私は、人は皆、常に攻撃の状態の中にあるという考えを思いついた。そして軽率にもこの態度を『攻撃欲求』と呼んだ」(“Zwangsneurose”)

この言葉が、それが普通に指し示す範囲を超えていて、用語として適当ではないことは先に見たとおりである。アドラーはさらに続けて次のようにいう。

「しかし、私は自分が扱っていたのは欲求ではなく、人生の課題への、ある部分は意識的な、ある部分は理解されない態度であることがすぐにわかった。そして、このようにして、私は次第にパーソナリティに対人関係的な特徴があること、そしてその程度は、人が事実と人生の諸困難についての意味づけによって常に決定されるということを理解するようになった」（同論文）

ここに言及されているように、アドラーの関心が「欲求」から「意味づけ」と「対人関係」へと移っていくことで、フロイトからの離反は決定的なものになる。

さらに一九〇七年の『器官劣等性の研究』では、アドラーは劣等器官を持った人は補償や、過補償へと導く努力をするという経験を指摘するにとどまったが、一九一〇年に発表した「人生と神経症における心的両性具有現象」という論文においては、次のようにいっている。

「これらの器官劣等性という客観的な現象は、しばしば主観的な劣等感を生じさせる。そして、そのようにして子どもの自立を妨げ、支えられることへの欲求を増し、しばしば個人を生涯にわたって特徴づける。出発点は大人と対面した時の自分は弱いという子どもの感覚である。ここから、支えられ、愛され、生理的にも心理的にも依存し従属したいという欲求が生じる。幼い頃に主観的に感じられる器官劣等性の場合、この傾向は強められる。依存心が膨らみ、自分は小さくて無力だという思いが強まると、攻撃の抑圧へと、それによって不安という現象へと導かれることになる」

このように、一方で、客観的な劣等性から主観的な劣等感へと、さらには、器官劣等性だけではなく、子どもが大人と対面した時に持つ自分は弱いという感覚、「男性的抗議」とアドラーが名づけた男性傾向と女性傾向の過剰な助長に見られるような劣等感にまで視野を広げることになった。

こうして、アドラーが、フロイトのように性的欲求を強調することをやめ、劣等感を神経症の基礎として強調したこと、しかも、性的欲求に代わるものを持ち出したということは、フロイトの心に穏やかならざる気持ちを喚起させた。さらに、心の苦しみの原因を過去と客観的な事実に求めるフロイトの理論とは原理的にまったく異なった見解である「目的論」を、この時点では萌芽的に、しかし、やがて明瞭に主張するに至ったことは、フロイトにとって脅威以外の何ものでもなかった。

フロイトは、アドラーが自分の体系を覆すことを許せなかった。しかし、アドラーはウィーン精神分析協会の代表であり、大部分の会員に尊敬されていた。フロイトは、アドラーがこれ以上支持者を増やす前に手を打った。協会の集会で、アドラーの理論がフロイトの学説からどれくらい逸脱しているかを議論する手配をしたのである。両者の学説を調停する試みもなされたが、他の会員からアドラーに向けられた「反性的傾向」への集中攻撃は、フロイトがそれを黙認したことと相まって、アドラーに選択の余地を失わせた。協会の代表を辞任したのである。新しい代表にはフロイトが選ばれた。

アドラーは、なお『精神分析中央雑誌』の編集長を務めたが、フロイトは雑誌の出版者に手紙を書き、アドラーと共に共同編集者を務めることはできないと告げ、出版者はアドラーかフロイトかどちらかを選ばなければならなかった。アドラーは、出版者からの最後通牒《つうちょう》を受け取った時、悩むことはなかった。編集長を降り、他の三人の仲間と共にウィーン精神分析協会を脱退したのである。一九一一年のことだった。

フロイトの狙いは、異端狩りだった。そしてアドラーが異端と見なされた。フロイト派の概念が正しいのか、アドラー派の概念が正しいのかという決定に投票が行われた。二十一人の会員が投票した。「アドラーの新しいグループに籍を置くことはウィーン精神分析協会の会員であることとは相容れない」というフロイトの動議に、賛成が十一、反対が五、五人が棄権した。アドラーの支持者たちは、一斉に立ち上がって、それまでの刺激的な年月に感謝をして去っていった。彼らが向かったカフェ・ツェントラルには、深夜の祝典をするために、アドラーが待っていた。

アドラーが九人（このフロイトの動議に反対した五人、棄権した一人、先にアドラーと共に協会を去っていた三人）の仲間と去ったこと、次いでユングも一九一三年にウィーン精神分析協会を去ったことは、フロイトにとっては大きな痛手だったであろう。アドラーは「私はいつも中庸《ちゅうよう》の域にとどまっていた。待つことができたし、決して誰かが意見を異にするからといって妬《ねた》むということはなかった」と悲しんだ。

個人心理学の誕生

こうして、アドラーはフロイトから離れていった。一九一二年には、自由精神分析協会を設立した。会の名称から知られるように、アドラーはなおこの時フロイトの強い影響下にあったといえる。しかし翌年、「個人心理学会」と改称した。

アドラーは、自らが創始した独自理論を「個人心理学」と呼んだ。原語（Individualpsychologie）で使われる「個人（の）」（individual）は、分割できないもの（ラテン語ではindividuum、divideできない）という意味である。人間を分割できない全体としてとらえるという意味である。

この名称が選ばれたのは、個人の統一性（unity）と並んで、個人の独自性（uniqueness）に強い関心があったということがある。アドラーが関心を持ったのは、いわば生身の血の通った、目の前にいる「この人」であって、人間一般ではなかったのである。

この会が刊行した『個人心理学雑誌』の最初の号に、編集長のフルトミュラーは次のように書いた。

「個人心理学という名前は、心理的な過程とその表れは個々の文脈からのみ理解でき、すべての心理学的洞察は個人から始まるという確信を表現することを意図している」(Furtmüller, "Alfred Adler: A Biographical Essay")

アドラーは、この個人心理学に次の二つのことを求めた。一つは、個人心理学は「永遠の相の下に」(sub specie aeternitatis) なければならないということ、もう一つは、すべての人に理解できるものでなければならないということである (Bottome, *Alfred Adler*)。

次章以降、アドラーの思想がどのようなものであったかを見ていく中で、アドラーが個人心理学に求めた二つのことの意味を明らかにしたい。

第二章「どこから」から「どこへ」——原因論と目的論

同じ世界に生きているのではない

人は誰もが同じ世界に生きているのではなく、自分が意味づけした世界に生きている。アドラーは、このことを説明するために、子ども時代の状況を例にとって説明している。「子ども時代の状況が違ったふうに解釈されるということの単純な例をあげよう。子ども時代の不幸な経験にまったく反対の意味づけがされるかもしれない。

例えば、ある人はその不幸な経験にはもはや関わることはなく、今後は回避することができると考える。そして『このような不幸な状況を取り除くために努力し、われわれの子どもたちがよりよい状況にあるようにしなければならない』と考えるだろう。

しかし、同じような経験をした人が、『人生は不公平である。他の人は常にうまくやっている。もしも世界が私をそんなふうに扱うのなら、なぜ私がそれ以上に〔他の人たちを〕よく扱わなければならないのか』と感じるかもしれない。子どもたちについて多くの親が『私が子どもの時は同じくらい苦しんだ。私は切り抜けた。子どもたちもそうすべきだ』というのはこういうわけである。

第三の人はこんなふうに思うかもしれない。『私は不幸な子ども時代を送ったのだから、何をしても許されるべきだ』と。

いずれの場合も、彼らがどんなふうに人生を意味づけしているかは、行動に見て取ることができるだろう。そして、解釈を変更しない限り、行動を変えることは決してないだろう」（*What Life Could Mean to You*）

自分が生きた子ども時代をどう解釈するか、アドラーの言葉を使えばどう「意味づけ」するかはさまざまである。過去のことだけではない。今、人が置かれている状況についても同じことがいえる。アドラーは、先の引用に続けて次のようにいっている。

「個人心理学が決定論から逸脱するのはここにおいてである。いかなる経験も、それ自体では成功の原因でも失敗の原因でもない。われわれは自分の経験によるショック――いわゆるトラウマ――に苦しむのではなく、経験の中から目的に適《かな》うものを見つけ出す。自分の経験によって決定されるのではなく、経験に与える意味によって自らを決定するのである。そこで特定の経験を将来の人生のための基礎と考える時、おそらく何らかの過ちをしているのである。意味は状況によって決定されるのではない。われわれが、状況に与える意味によって自らを決定するのである」（同書）

ここでアドラーが「決定論」という言葉を使っていることに注目したい。あることが原因となって、必ずある事柄が帰結するという考えを原因論という。したがってそれは決定論でもある。しかし、人は同じ経験をしたからといって、誰もが同じようになるわけではない。同じ経験をしてもその経験に異なった意味づけをするからである。過去の経験や、目下置かれている状況についても意味づけの仕方は人によって異なる。

先の引用の中で、アドラーはトラウマに言及した後、「(われわれは)経験の中から目的に適うものを見つけ出す」と書いている。この意味を知るためには、あることが原因となって、必ずある事柄が帰結すると見る原因論と対置して、アドラーが採った目的論の意味を知らなければならない。

自由意志を救う

人は外からの刺激や環境に機械的に反応するわけではない、とアドラーは考える。災害、事件、事故などに自分が遭遇することはもちろん、家族や親しい人が傷つき、場合によっては亡くなることを経験することから大きな影響を受けるのは間違いないが、それでもある出来事によって誰もが同じ影響を受けるのではない。同じ経験をしても、そのことで傷ついたと思う人もいれば、早くショックから立ち直ることもある。人は行為者(actor)ではあるが、反応者(reactor)ではないのである。外からの働きかけにどう反応するかを自ら決めることができる。

例えば、手に持っているコップであれば、コップは手から離れると必ず落下する。しかし、人がする行為は、機械的な動きではないので、やめようと思えばやめることも可能である。手から離れたコップは、落下の途中でその動きを止めることはできない。もちろん、人もうっかりと高いところから落ちる時にはコップと同じことが起きるけれども、飛び降りる人は、コップとは違って、飛び降りようという意志を持つ。転落する時、人の行為をコップの落下と同じように機械的に説明することはできない。

人の行為は、行為に先だって何かをしようという意図があり、目的あるいは目標を立てる。「〈なぜ〉こんなことをしたのか」と問われた時に期待されている答えは、行為の意図、目標、目的であって、行為の原因ではない。原因は行為の一つの説明にはなりうるが、同じ原因があるからといって、人が皆同じことをするわけではない。

ある殺人者は、〈なぜ〉人を殺したかと問われて、「貧しかったからだ」と答えたが、貧しいからといってすべての人が殺人を犯すわけではないことはいうまでもない。別の殺人事件の容疑者は、取り調べに対して「自分はすぐにカッとする性格。話しているうちに、イライラすることをいわれて殺した」といったが、誰もこんな理屈を信じないだろう。

貧しさや、カッとする性格は人を殺人へと駆り立てるかもしれないが、人をいわば後ろから押すような原因を探し出してきても、そのことによっては人の行為を説明することはできない。今、私が原稿を書いているのは、私がそうしようと思ったからである。そうしようと思った原因が実は意志とは別にあったのだが、それを知らないだけで、もしも原因がすべて解明されれば、自分で選んだと思っていても、実はそうではないことが明らかになるといえるだろうか。そう考えるには、自分が選んだ（自由意志によって行為した）という感覚は、疑うことができないほど強い。

人の行為は、原因によってすべて説明し尽くされるわけではなく、人の自由意志は必ず原因をすり抜けていく。すべては必然の中に解消されると考えるには、自由意志はあまりに自明でヴィヴィッドである。他ならぬこの私が、自分で選んだのであって、何かに選ばされたとは思えない。イメージとしては、後ろから押されて前に出たというよりは、目の前にあるものを見たいので、足を一歩踏み出したというのが、何かを選択する時のイメージとしてふさわしい。

そこで目的論では、例えば、怒りに駆られて大声を出すのではなく、大声を出すために怒るのである。不安なので外に出られないのではなく、外に出ないために不安になると見る。

何かをする、あるいはしないという目的がまずあって、その目的を達成する手段を考え出す。怒りという感情が私たちを後ろから押して支配するのではなく、他の人に自分のいうことをきかせようとして怒りを使う。また、他の人からの同情を引くために悲しみの感情を創り出すのである。

心と身体の関係について考えるならば、私が身体を使うのである。身体と、それを使う私とは別物である。ところで脳は身体であるから、私が脳を使うのであってその逆ではない。脳梗塞《のうこうそく》や脳溢《のういっ》血《けつ》によって身体が不自由になったり、言葉が思うように出なくなることがある。しかし、それでも私と脳は別物であり、私が脳を使うのであって脳が私を使うのではない。そこで、どれほど脳のことが解明されたとしても、それだけでは人の行為を説明することはできないのである。

アドラーがあらゆる心理現象を運動の観点から見るようになったことは、幼い頃くる病のために身体を自由に動かすことができなかったことに関係があるかもしれない。運動には何か目標があって、その目標に向かっていく。身体を何の苦もなく動かせる人には、このようなことはあまりに当たり前すぎて注意しないかもしれないが、アドラーにはそうではなかった。

この運動はただ物理的な移動だけではなく、困難な現実から、それを克服するべく、よりよい立場へと向かおうと努力することも意味する。木であれば、隣にある大きな木によって日の光が射すのを遮られたら、大きく育たないだろうが、動くことができる人間なら、そうしようと思えば影から離れ、日の当たる場所に移動できるはずなのである。

善の選択

　ところで怒りを例にとれば、大声を出すという目的や意図がまずあって、それを達成するために怒りを使うと書いたが、それでは大声を出す人は「なぜ」そうするのか。これについて考えるために、ソクラテスのパラドクスとして知られる命題から始めたい。

「誰一人として悪を欲する人はいない」（プラトン『メノン』）

　そんなことはないではないか、悪を欲する人だってあるはずだという反論はすぐに出てくる。不正を働く人はどうか、殺人者はどうか、と。しかしそのような人にとっては、不正や殺人が「善」である。この場合、「善」には道徳的な意味はなく、「ためになる」という意味である。例えば殺人がこの意味で実際に「善」であるかは別に考えなければならないが、少なくとも、殺人を犯したその時には、そうすることが善である（自分のためになる）という判断がされたはずである。この「善」の反対が「悪」であるが、これは「ためにならない」という意味である。不正こそが自分にとって善である、と判断することもありうるのである。

　殺人などという極端な例を持ち出すまでもなく、例えば食べてはいけないのにおやつを食べてしまったとすれば、その時、おやつを食べることを「善」だと判断したからである。もちろん病気やダイエットのために食事制限が必要な人にとっては、お腹が減っているからといって、好きなだけ食べることは善にはならない。つまり、ためにはならない。

　このように、人がある行為をする時、そうすることが自分のため（善）になるという判断をしたと見ることができ、その善こそが人の行為の目的、目標であると考えることができる。

心の葛藤はない

それにしても、わかっていてもできないということはあるではないか、と考える人はあるだろう。試験の前夜、遅くまで勉強しなければならないことがわかっていたのに眠くなって寝てしまい、気がついたら朝になっていたというようなことである。先のダイエットの例を引けば、食べてはいけないのに、あまりに空腹だったので、いけないとはわかっていたが食欲に負けたという人はある。

この場合、食べてはいけないということを知っていたのにもかかわらず、食べてしまったのだろうか。アドラーはそのようには考えない。食べてはいけないことを本当には知らなかったのだ、とアドラーは考える。心の中で葛藤があったとは考えない。また、心は食べてはいけないということを知っているのに、身体は食べることを強《し》い、その結果、心が身体に負けたというふうに考えない。

アドラーがフロイトから離れた後、自らが創始した心理学を「個人心理学」と名づけたことは先に見たが、その時も述べたように、この個人心理学の原語（Individualpsychologie）で使われる「個人（の）」（individual）は、分割できないもの（ラテン語ではindividuum）という意味である。人間を分割できない全体としてとらえ、統一されたものと考え、人間を心と身体、感情と理性、意識と無意識とに分けるようなあらゆる形の二元論に反対した。

アドラーは、身体の症状を全体から切り離して見ない。ホリスティック医療という言葉（ホリスティックは、「全体の」を意味するギリシア語holosに由来する言葉である）が流行る五十年も前から、現代医学及びヘルスケアの還元主義とは違って、人間を不可分なものとして、全体として見ることが必要であることを主張したのである（Dinkmeyer et al., *Adlerian Counseling and Psychotherapy*）。

フロイトとの関係で問題になる意識と無意識についていえば、無意識は意識から離れた独立の働きではなく、気づかれていない、理解されていないだけであるとアドラーはいう。意識と無意識は一見矛盾するように見えても、「唯一実在の相補的で協力的な部分」である（『人はなぜ神経症になるのか』）。

またアドラーは、感情が目に見える形で、つまり震えたり、赤くなったり、青くなったり、心悸《しんき》亢進《こうしん》したりするというように身体的に表現されることがあることから知られるように、心と身体は一体のものであると見ている。心臓、胃、排泄《はいせつ》器官、生殖器官などの器官は、それぞれの器官がもっともよく表現できる言語（「臓器言語」）によって、「分割できない全体性」（individual totality）である人が向かう方向性を明らかにしている（同書）。

真の原因としての目的

先に自由意志について考えたが、最初の一歩は自分が踏み出すのである。そして、なぜそうしようと思ったかといえば、そうすることが自分にとって善である、と判断したからである。

ソクラテスは、死刑判決を受け、刑の執行まで獄にとどまっていたが、それはアテナイ人がそうすることをよし（善）とし、自分もそうすることをよしとしていたからであって、脱獄することが善であると判断していたら、とっくに海外へ逃れていただろう、という（プラトン『クリトン』）。

この「善」だけが真の原因であって、それ以外の原因は、副原因でしかない。

アリストテレスは、原因を四つに分類した。彫刻を例にしていえば、青銅、大理石、粘土がなければ彫刻はできない。これらを「質料因」（何からできているか）という。次に、大理石が目の前にあっても、それを刻む人、彫刻家がいなければ彫刻はできない。「起動因」（動がそこから始まる始原）である。彫刻家は像を刻む時に、何を作るかをイメージする。彫刻が何を表しているか、彫刻家が描くイメージが「形相因」（何であるか）である。しかし、これだけでは彫像はできない。彫刻家がそもそも彫刻を作ることを望まなければ、彫刻は存在しないからである。それが何かの目的のために、例えば自分がそれを見て楽しむために、あるいは売るために彫刻を作ろうとするのである。これが「目的因」である。これを「善」に置き換えることができる。

アドラーはアリストテレスのいう目的因以外の原因を扱わなかったわけではないが、主たる原因として目的を考えた。行為について「なぜ」を問う時にアドラーが使う「原因」という言葉は「厳密な物理学、科学的な意味での因果律」における原因ではない（『子どもの教育』）。他の原因は、目的に従属していると考えた。例えば、先に身体の例としてあげた脳や、また臓器の生理的、生化学的な状態や変化は、心身症の質料因だが、目的論の立場では、これがただちに症状を引き起こす(cause)わけではない、と考えるのである（Schulman, *Essays in Schizophrenia*）。

身体の状態で考えてみよう。例えば例にあげた脳梗塞が、発症部位によっては身体を動かすことを困難にする。身体の条件が後ろから人を前に押し出すどころか、後ろへ引っ張るといっていいくらいだが、それでもリハビリに励み、一歩でも二歩でも前に歩くとすれば、他ならぬこの私がそうすることを「善」と判断するからであり、この善が、（この場合はリハビリに励むという）行動の目的である。

病気でなくても身体が疲れている時は、仕事や勉強をしようと思っていても、できないことはたしかにあるけれども、何日も徹夜を続けた後というようなことでなければ、身体に無理がかかっても、実際には起きていられないわけではない。そのような時に眠くなるのは、眠いことを理由にして仕事や勉強をするのをやめようと考え、そのことを善であると判断しているからである。たとえ、後になって激しく後悔することになったとしてもである。

見かけの因果律

今、後に激しく後悔することになると書いたが、その後悔までも含んで、試験の前日、準備を終える前に寝てしまったとしたら、そのことはある人にとっては「善」と見なされるかもしれない。もちろん、そのことで試験で悪い成績を取れば、いい成績を取るということに関しては善どころではない。しかし、朝まで頑張ったけれども、こんな点数しか取れなかったというよりは、頑張ったけれども、睡魔に襲われて寝てしまったとか（したがって、私は「本当は」勉強したかったのだといえるわけである）、勉強が足りなかったからこんな点数しか取れなかったが、もしもあの時、寝なければいい点数が取れたであろうと自分でも思い、他の人にもそのようにいうのは、責任を身体に転嫁することでよい点が取れなかったという現実に直面することを回避し、「もしも勉強していたら」という可能性の中に生きることが善である、と判断したわけである。可能性ではなく現実の中に生きること、つまり一生懸命勉強した上で、いい成績を取れないという現実に直面することはしたくないと考えたわけである。

もちろん、この人はこのような行動の目的を知らない。多くの場合、目的は本人も理解できておらず、その意味で無意識である。カウンセリングなどでは、この気づかれていなかった、あるいは理解されていなかったという無意識の目的が意識化される。

意識化される前は、原因論的にしか自分の今の状態や行動について理解することはできていない。それとは別の見方があることも知らない。試験の前の日だったが、眠くて寝てしまったというのは原因論であるが、実際には今見たように、一生懸命勉強したのによい成績を取れないという現実に直面しないことが目的なのである。

このように、自分の行動を正当化する理由が後から考え出されることもある。学校や会社に行きたくないと思った人は、学校に行かないことを自分もまわりの人も認められるような理由を考え出す。前の晩、遅くまで起きていたとか、よく眠れなかったと主張することができる。お腹が痛くなったり、頭が痛くなるという症状が現れることもある。子どもがそのような症状を訴えれば、親は子どもを無理に学校に行かせるわけにはいかない。そこで親が子どもを休ませると学校に連絡すると、子どもは晴れてその日学校に行かなくてよくなる。その途端、症状はよくなる。子どもが嘘をいっていたわけではなく、実際にお腹や頭が痛くなるのだが、そのような症状が必要ではなくなったために痛みが消えるのである。

大人の場合は、もう少し手が込んでいるが、基本的にはこれと同じである。学校を休む子どもについていえば、子どもはまず学校に行かないという目的を立て、そのことを可能にする、つまり、親を納得させるために必要な症状を創り出すのである。殺人者が貧しかったことや、カッとなる性格を理由に持ち出すのも同じである。人を殺すという目的が最初にあって、後で、それを正当化する理由を考え出すのである。

これらの理由は、原因として持ち出される。アドラーは、今の出来事あるいは状態について、あることを原因として説明することを「見かけの因果律」(scheinbare Kausalität, semblance of causality)と呼んでいる(『生きる意味を求めて』)。「見かけ」というのは、実際には因果関係がないからである。本来は因果関係がないところに、因果関係があるかのように見せるという意味である。

アドラーは次の例を引いている。主人のそばについて歩くことを訓練された犬がある日、車にはねられた。この犬は幸い一命を取り留めた。ところが、その後、主人との散歩を再開したが、事故に遭った「この場所」が怖くなり、その場所に行くと足がすくみ、一歩も前に進めなくなった。そして、その場所には近づかないようになった(同書)。

事故に遭ったのは、場所のせいであって、自分の不注意、経験のなさのせいではない、と結論づけたこの犬のケースは、ＰＴＳＤのケースであると見ることができるだろう。私は、中学生の時、交通事故に遭ったことがある。事故の後しばらく、その場所には近づきたくないと思ったのは本当である。しかし、その場所を通らなければ学校に通えないのであれば、道を避けようがない。考えるまでもなくわかるが、事故に遭った「場所」が怖いわけではない。もともと常々働きたくないと思っていた人であれば、事故に遭ったことは、職場に行けないことを正当化する理由になりうる。

最初は、事故に遭った場所に行った時に、不安になったり心臓の鼓動が速くなったりするという症状が出ただけだったのに、やがてその場所の近くを通りかかるだけでも症状が出るようになる。そうなると外へ一歩も出かけられなくなるのに時間はかからない。

そのような人は、事故に遭ったことが外に出られなくなったことの原因である、と考えるだろう。しかし、同じ経験をした人が皆そのようになるわけではない。事故に遭ったことを外に出られなくなることの理由として、本来、因果関係がないにもかかわらず、持ち出すのである。

もしも同じことを経験すると同じようになるのであれば、即ち過去の経験が今の自分のあり方を決定するのであれば、治療も育児も教育も不可能であるといわなければならない。なぜなら、治療も育児も教育も、今とは違うあり方へと人を導くことを意味するからである。

目的に適うものを見つけ出す

先に、アドラーはトラウマに言及した後、「(われわれは) 経験の中から目的に適うものを見つけ出す」といっていることを見た。今やこの意味は明らかであろう。子ども時代が不幸であったと思う人は、自分の過去の経験の中から、そのように思うことを可能にする経験を探し出してくるのである。そして、そうすることは、その人にとっては「善」、つまり、その人のためになるのである。

このように経験の中から目的に適うものを見つけ出すことは、意味づけの一つの形である。例えば、ある人が嫌いという場合、その原因を数え上げることは容易である。彼の優柔不断なところが嫌いだ、とある人はいう。しかし、その人は、かつては同じ人について優しい人と見ていたのであり、支配的でないところが好きだったのである。また、几帳面できちんとしているところが好きだと思っていた人が、後になって、細かいことにこだわるうるさい人に見える。おおらかだと思っていたのに、無神経な人に見えるようになる。何が違うのか。その人との関係を続けたくない時(それが欠点を見つけることの「目的」である)、その人の足らないところを見つけなければならない。そうすれば、関係を続けないことを正当化できるのである。

関係を続けないために、欠点を見つけるのであるから、理由は何でもいい。何かの理由があるから関係を続けないというのは、原因論的な説明である。そのような論理では、同じ理由が、以前は関係を続けることの理由だったことが説明できない。関係をやめることの口実を作るためには、原因論的に考えることが必要である。その意味では、原因論を採ることにも目的があるといえる。

目的に適う経験を見つけ出すということについて、夢の例をあげておく。アドラーはギリシアの詩人であるシモニデスが小アジアへ講義に招かれた時のことを書いている(『個人心理学講義』)。

シモニデスは船が彼を待って停泊しているのに行くのをためらい、ずっと出発を延期していた。友人たちが説得したが無駄だった。ある日、夢を見た。かつて森の中で会った死者が現れてこう語ったのである。

「あなたは非常に敬虔《けいけん》で、私を手厚く葬ってくださったので、今度は私があなたに小アジアへは行かないように忠告申し上げます」

シモニデスは目を覚まし、「行かない」といった。

アドラーが注意しているように、実は、シモニデスはこの夢を見たから小アジアへ行かないでおこうと決めたのではない。実際には、夢を見る前から行かないでおこうと決めていたのである。シモニデス自身は、夢を理解していなかったが、「既に到達していた結論を支持するためにある種の感情、あるいは情動を創り出したにすぎない」。夢を見ても、目覚めた時にストーリーを忘れていることがある。このような場合、ストーリー自体は重要ではない。シモニデスのケースでは、「行かない」という決心をするために必要な感情を創り出しさえすることができれば、それで十分だったのである。

今、問題にしている目的に適う経験を見つけ出すということについていえば、シモニデスはすべての経験の中から死者との経験を取り上げているのである。なぜなのか。アドラーは次のように説明する。

「船で航海することを恐れていたので、死の観念にとらわれていたからであるのは明らかである。当時は航海は実際に危険なものだったので、ためらったのである。死者の夢は、おそらく船酔いを恐れていただけではなく、船が沈むのではないか、と恐れていたことを表している。このように、死の観念に心を奪われていた結果、彼の夢は死者のエピソードを選んだのである」(同書)

夢がシモニデスに行かないという決心を促したように見えるけれども、実は行かないという目的が先にあったのである。

善のヒエラルキー

以上見てきたように、人がこのように自分の行為も含めて、この世界の事象を目的論的に見始めると、それまで見えなかったことが見えてくる。どのように見れば目的論的に見ることになるかについて、さらに少しずつ見ていきたい。

目的論というのは、以上見てきたように、人が自分の「ためになる」という意味の「善」を目指し、それを目的にしているという観点から行動などをとらえる理解の仕方であるが、この善こそが人の行動の目標であり、それを実現するために副次的な目標が立てられるのである。ただし、その副次的目標（これは究極の目標を実現するための手段であるともいえる）が、実際に善となるかは別問題である。殺人を犯す人も、それが善を実現するための副次的な目標として、自分にとっての善、ためになる行為だと少なくとも殺害する時には判断していたはずなのである。

殺人というような極端な例でなくても、アドラーに師事し、その後アメリカにおけるアドラー心理学の普及に貢献したドライカースや、日本にアドラー心理学を紹介した精神科医の野田俊作が、不適切な行動の目的としてあげる「賞賛を求めること」「注目を引くこと」「権力争い」「復讐」「無能力の誇示」は、いずれも究極の善の下位に置かれる副次的な目標である。

例えば、権力争いをする人はそうすることが自分にとってためになると考えている。しかし、それが実際にためになる、即ち善であるかは別問題である。人と権力争いをしても、そしてその権力争いに勝って相手を追い詰めても、何もいいことはない。

以上見てきた目的論に立てば、人を現に今ある状態から、それとは違う方へと導くための治療、教育、育児への道が開かれる。原因論は先に見たように決定論なのであり、今起こっていることの原因が過去にあるのなら、何らかの方法で過去に返り、もう一度やり直すことによってしか、今の問題の解決は望めない。しかし、目的論においては、立てられる目的や目標は未来にある。過去は変えられなくても、未来は変えられるからである。

今のあり方を変える

このようなことをいう人もあるだろう。人間にはどうすることもできない衝動があって、いつもは冷静な人でも、衝動に駆られて暴言を吐いたり、人を傷つけたり殺したりすることがある、と。ある殺人事件の容疑者が、取り調べに対して「自分はすぐにカッとする性格。話しているうちにイライラすることをいわれて殺した」といったことは先にも紹介したが、この人は、実際には自分が人を殺したことの原因をイライラしたことに転嫁したいだけである。殺人の事例でなくても、日常の生活で「ついカッとして」、例えば子どもに大きな声を出し、時に手を上げるというようなことがあるかもしれない。アドラー自身、まだよちよち歩きの頃、腹を立てると声門が収縮して軽い無呼吸の発作を起こしたことがある、といっている。後にアドラーは、この時のことを次のように回想している。

「この時の状況は非常に苦しかったので、三歳の時に私は怒るのをやめる決心をした。その日から、私は一度も怒ったことはない」（ホフマン『アドラーの生涯』）

本当に怒らないことが可能かと疑問に思う人もあるだろう。怒るのは、そのことによって自分の考えを主張し、他の人に自分の考えを認めさせるためである。自分の考えを主張すること自体に問題はない。問題は、怒ることによって、本当に自分の主張が他者に伝わるかという点にある。怒るという方法では、たしかに多くの場合、人はいうことを聞いてくれるかもしれないが、気持ちよく聞いてはくれないのである。もしも自己主張するためのより有効な方法を知っていれば、その方法を選ぶはずだが、怒る人はそのための他の方法を知らない。怒ると、まわりの人が自分のいうことを聞いてくれたという経験をしたことがあるのだろう。アドラーは、怒りは人を後ろから押す力ではなく、人に自分の考えを受け入れさせ、人を動かすという目的のために創り出す感情である、と考える。

感情は人を支配しない。支配された、ついカッとなった、といいたい人がいるだけである。ただ子どもを自分の思うようにしたいだけなのに、感情を使うことで、子どもを支配したい。その上、自分は、本来は感情に駆られることはないのだが、子どもの行動を見てついカッとなった、といいたいのである。子どもが怒らせるようなことをしたというのも原因論である。

激情、激怒、情熱を意味する英語のpassionは、「被る」という意味のラテン語patiorが語源である。一般的には、passionは受動的なもので、その作用に抵抗することは難しい、と考えられている。しかし「使用の心理学」であるアドラーの個人心理学では、人が感情や激情に支配されるのではなく、それらを「使う」とされる。感情は意志によって（at will）現れたり、消えたりするのである。

人は怒りによって後ろから押され、その感情には逆らうことができないというふうに見れば、怒りから自由になることはできない。しかし、怒ることが自分の意志を主張する方法として適切かどうかを考え、それが怒っている当人の思っているほどには、自己主張という目的のために有効な方法ではなく、怒ること以外に有用な役立つ方法があることを知っていれば、怒りの感情を脱却することは可能である。

過去も変わる

先ほど、過去は変えられなくても、未来は変えられると書いたばかりだが、本当は過去すら変えることは可能である。なぜなら、過去も意味づけているからである。もちろん、過去が変わるというのは、一つには過去のことを忘れてしまうということもあるが、無原則に忘れるというよりも、忘れることが、ある目的に適うならばそれだけを忘れ、反対に、思い出すことが目的に適うならば思い出すのである。何を覚えており、反対に忘れるかと選択することが既に意味づけであり、その覚えていることについても、それについての意味づけは後に変わりうる。なぜ変わるかといえば、過去のことを思い出す人の「今」が変わったからである。

ある友人が幼い頃の思い出を話してくれた（岸見一郎『アドラー心理学入門』）。その頃は、今とは違って、放し飼いの犬や野良犬がたくさんいた。彼は常々母親から、犬は走ったら追いかけてくるから、犬がいても走って逃げてはだめよ、といつもいい聞かされていた。

「ある日、二人の友達と歩いていたら、向こうから犬がきました。僕はかねてからいわれていたようにじっとしていました。他の友達は、ぱっと逃げました」

それなのに、彼は犬に足をがぶりと咬まれてしまった。

彼の回想はここで終わっていた。もしもこれが今起こっていることであれば、話は犬に足を咬まれたところで終わるはずはない。しかし、このことを思い出した時、彼は咬まれた後のことは何も覚えていなかった。

「こんなことがあってからこの世界は危険なところだと考えるようになりました」と彼はいった。道を歩いていたら、車が突っ込んでくるのではないか、家にいても、空から飛行機が落ちてくるのではないか、病気についての記事を新聞で読めば、自分は既にその病気に感染しているのではないか、と恐れた。

犬に咬まれたことが、今この世界が危険なところだと考えるようになったことの原因だ、と彼はいいたいのだが、目的論的にいえば、この世界を危険なところだと考えるために、過去の無数にある記憶の中から、犬に咬まれたことを思い出し、しかも犬に咬まれたことの先を思い出さないのである。

世界を危険と見ることには目的があるのだが、それについては後に見ることにして、その後、彼は忘れていたことを思い出したのである。

「たしかに、犬に咬まれた記憶はそこで途切れていたのですが、続きを思い出しました。見知らぬおじさんが僕を自転車に乗せて、近くの病院に連れて行ってくれたのです」

こうなると、たしかに犬に咬まれたことに変わりはないが、ストーリーはまったく違ったものになる。先の回想は、世界は危険なところだという彼のこの世界像を裏づけるために思い出されたものだが、後の方の回想では、彼はもはやこの世界は危険なところであるとか、人（回想の中では母親が代表している）のいうことを聞いていたらひどい目に遭ったというのではなく、困った時に助けられたというストーリーに変わってしまっている。

なぜこんなふうに変わったかといえば、世界についての意味づけが変わったからである。

器官劣等性から劣等感へ

意味づけは自分自身についてもなされる。先に、アドラーが器官劣等性の理論に到達したことの背景には、アドラー自身が幼い頃、くる病のために身体を自由に動かすことができなかった事実が存在していると述べた。アドラーは、客観的な器官劣等性から主観的な劣等感へと関心を移すことになるが、それというのも、器官劣等性が必ず劣等感を引き起こすわけではないということを自分自身の経験から知っていたからである。

アドラーには、二歳年上の兄ジグムントがいたが、彼はアドラーにとってのライバルだった。なぜかといえば、聡明で支配的なジグムントはユダヤ人のアドラー家で伝統的に優位な立場を占めていたこと、さらに、ジグムントが健康だったことによる。そのような兄と自分を比べ、くる病であるために思うように動けないことを理由に、人との交わりを避けるようになるということもありえた。

しかし実際には、アドラーは自分の病気を建設的に補償した。私は、アドラーが「皆は私を助けるのに骨を折った。母と父はできることはすべてしてくれた」といっていることに注目したい。このことはアドラーが、やがて見るように、他者を「仲間」と考えるようになる契機となるが、同じ経験によって、必要以上に依存的になることもありうるのである。

アドラーは、後の著作においても、器官劣等性についてはたびたび言及している。ただし器官の弱さ自体が問題なのではなく、器官劣等性のゆえに子どもが陥る緊張関係が問題である、と注意する。健康な子どもでも、状況によっては弱い器官を持っている子どもと同じ困難や緊張が生じることがある（『教育困難な子どもたち』）。

そのような子どもは、生活に何か実質的な支障があるというわけではないが、それでも本人にとっては他の人とは違うと感じ、それゆえ劣っていると感じているという意味での劣等感につながることがある。背が高い、低い、太っている、痩せているというようなことである。これらは本人には気になるだろうが、劣等性とはいえない。

このように自分が劣っていると感じるのは、自分についての意味づけということができる。器官劣等性があるからといって、自分について必ず否定的な意味づけをするわけではない。主観的な劣等感は、あくまでも劣っているという「感じ」「感覚」なのであるから、なおさら、それが人生に決定的に不利になるはずはない。しかし、多くの人が美人と認定するであろうような人ですら、器量の衰えを訴えるということはたしかにある。なぜそのようなことが起こるかは、これから検討する問題であるが、劣等感を持つのには目的があることは、これまで見てきたことからわかるだろう。

第三章　ライフスタイル――自己と世界の意味づけ

ライフスタイルとは何か

アドラーは、この世界、人生、またこの自分についての意味づけを「ライフスタイル」（Lebensstil, lifestyle）と呼んだ。これは普通には「性格」と呼ばれている。アドラーは、ライフスタイルが外に表れた形が性格であると考える（『性格の心理学』）。性格は生まれつきのものではなく、簡単ではないが、変えることも可能だとアドラーは考えているので、生まれつきのもので、変えにくいという印象を与える性格という言葉を使わずに、ライフスタイルという言葉をそのまま使いたい。

前章で見た「目的論」に照らしていえば、人は身体の動きはもとより、感情のような心理面での動きにおいて目的や目標を立てるが、どんな目標を立てるか、その目標に向かってどんな動きをするかは人によって異なっていて、個人の人生を貫く、目標に向けての特有の運動法則がある。

対人関係の中で、このようにすればうまくいき、あるいはうまくいかなかったという経験を重ねることで、次第に問題解決のパターンを身につけていくのである。問題解決の仕方は、時々によって違うというよりは、大体において一定して、状況や人が変わっても同じことをすることになる。その時々で解決の仕方を探るよりは馴染みのやり方に従う方が便利なこともあるが、他方、融通が利かず、新しい状況に適切に対応できないことにもなる。

人は「他の誰とも異なった人間としての可能性、発達の可能性」を持っている。ライフスタイル、運動の法則は、人によってテンポ、リズム、方向が異なる（『生きる意味を求めて』）。たとえてみれば、人はいわば生まれた瞬間から自叙伝を書き始める。それは死で完結する。ライフスタイルという時のスタイルは、この自叙伝における文章のスタイル、作者に特有の文章表現、文体のことである。

自分と世界についての意味づけ

問題への対処に当たっては、世界や自分についての意味づけも関係してくる。例えば、かねてから好意を抱いている人がいて、二人になれる機会があれば話してみたいと思っていたところ、今まさにその人が向こうからこちらにやってくるとする。まさにすれ違いざまに、思い切って声をかけようとしたところ、その人が目を逸《そ》らした。目を逸らしたと見ることには、既にその事態についての解釈が入っているわけだが、こんなことがあったとしたら、あなたはどう感じるか、と何人かの人にたずねてみたところ、避けられたという答えが多くの人から返ってきた。しかし、すべての人からこれと同じ答えが返ってきたわけではなかった。目にゴミが入ったからという人もあれば、それどころか、私に好意があるので、恥ずかしかったから目を逸らした、と答えた人もあった。さらには、相手はきっと自分に気づいていなかったのだろうから、相手を呼び止めるという人もあった。

避けられたと見る人は、自分について低い評価をしている。このような人は、同時に、すれ違いざまに目を逸らし自分を避けようとする人のことを友好的には見ておらず、そのような人を責めたり、消極的な人であれば、この世界を怖いところと見る。

ライフスタイルは、現代アドラー心理学においては、次のように定義される。
1. 自己概念
2. 世界像
3. 自己理想
自己概念は、自分がどんなふうであるかについての意味づけである。前章で劣等感について見たように、多くの人が美人と見る人なのに自分は美人でないという人もあれば、実際には痩せていても太っていると思う人もある。すれ違いざまに目を逸らした人は自分を避けていると思う人は、自分は誰からも好意を持たれていないと思う。

世界像は、自分のまわりの世界が自分にとってどんなふうであるかについての意味づけである。危険なところだと見る人もいれば、安全な場所だと見る人もいる。まわりの人を自分を援助してくれる仲間だと見る人もあれば、自分を陥れるかもしれない敵だと見る人もある。

自己理想は、自分はどうあるべきかということについてのイメージである。自己理想にはさまざまなものがある。「私は優秀であるべきである」とか「私は好かれるべきである」というようなものである。

このうち、人が目標を設定し、それを追求することは、自己理想に関わる。この自己理想自体が目標であるが、これはさらに上位の目標を達成するための手段になる。

未来の予測

アドラーは次のようにいっている。

「人がどこからくるかということしか知らなければ、どんな行動が人を特徴づけるか知ることは決してない。しかし、どこに向かって行くかを知れば、どちらに踏み出すか、目標に向けてどんな行動をするか予言することができる」（"Character and Talent"）

「どこから」ではなく「どこへ」を見ていくことが目的論の立場だが、人がどこに向かうかがわかれば、人の行動を予言できる。人のライフスタイルを知れば、このことは可能である。人は他の人の失敗を嘲《あざけ》り笑うという世界像を持っている人は、難しい仕事に向かう時に緊張するだろうし、一番でなければならないという自己理想を持っている人は、例えば試験を受けることを、それがあまりに難しければ、放棄すると予想できる。自分を好きではない人は、他者が自分を好きになるはずはないと思っているので、たとえ誰かに告白されても、そのことを例外あるいは冗談だと思うだろう。

しかし、目標は未来にあり、自分や世界についての意味づけを変えることは可能なので、これからの人生を変えることができる。アドラーは次のようにいっている。

「個人心理学は、二重の意味で『予言的』である。即ち、何が起こるかを予言するだけではなく、預言者ヨナのように、何が起ころうとするかを、それが起こることのないよう予言もするからである」（『個人心理学講義』）

ヨナは、ヘブライの預言者で、『ヨナ書』によれば、アッシリアの首都ニネヴェの滅亡を予言するようにという神の命を受けたが、その命令に従わないで船で逃げ出したところ、暴風雨に遭い、その責任を取らされ、犠牲として海に投げ出された。しかし、大魚にのまれた後、陸上に吐き出される。次に、ニネヴェの滅亡を予言したが、この時は神は人々が悔い改めたのを見て、この災いを下すのを思いとどまった。

アドラーは、いつも治療よりも予防が大切である、といっている（『教育困難な子どもたち』）。起こる前に治療する、「起こることがないように予言する」ことはライフスタイルを知ることによって可能になる。

認知バイアスとしてのライフスタイル

ライフスタイルは、自分や世界の意味づけとして、自分やこの世界の見方を決める。これを認知バイアスという。

アドラーの晩年に秘書を務めたユブリン・フェルドマンが、アドラーが亡くなった時、アドラーがかけていた眼鏡をもらえないか、と妻のライサに頼んだ。なぜ眼鏡がほしいのか、とたずねられフェルドマンは答えた。

「アドラーが見たように人生を見たいのです」（Manaster et al. eds., *Alfred Adler: As We Remember Him*）

ライフスタイルは、眼鏡やコンタクトレンズのように、それを通して自分や世界を見ているので、眼鏡をかけているのに眼鏡を探していることがあるように、あまりに当たり前になってしまっていて、あるライフスタイルに従って、あるいはそれを通じてこの世界を見、考え、感じ、行動していることすら気づかない。その意味で、ライフスタイルを変えることは困難である。そもそもライフスタイルを変えるといわれても、当のライフスタイルについて何も知らない以上、それを変えることができるとは思いもよらない。ライフスタイルを通じてこの世界を見ていて、しかもかなりバイアスがかかった仕方でこの世界を見ていることを知ることによって、ライフスタイルを意識化することが、ライフスタイルを変えるための出発点である。

自分で選んだライフスタイル

　ライフスタイルは、以上のようなものであるから、誰もが同じ世界に生きているのではなく、客観的な世界をありのまま見ているわけではない。親からすれば、どの子どもも同じように育てたつもりであっても、子どもにとっては、親の自分に向ける注目、関心、愛が他の子どもと同じとは思えないということがある。同じ家庭に生まれ育っても、違う世界の中に生きているといっていいくらいである。アドラーの言葉を引くと次のようである。

「同じ家族の子どもたちが同じ環境の中で育つと考えるのは、よくある間違いである。もちろん、同じ家庭のすべての人にとって共通するものはたくさんある。しかし、それぞれの子どもの精神的な状況は独自なものであり、他の子どもの状況とは違っている」（『人はなぜ神経症になるのか』）

　その違いは、客観的なものではない。子ども時代の状況が違ったふうに解釈され、まったく反対の意味づけがされるかもしれない。人は誰もが同じ世界に生きているのではなく、自分が意味づけした世界に生きているからである。

このように同じ家庭に生まれ育ったにもかかわらず、それぞれの子どものライフスタイルが違うということはよく知られている。ライフスタイルが違うことは、子ども自身がライフスタイルを自分で決断して選んだと考えなければ説明できない。

アドラーは、ライフスタイルは二歳には必ず認められ、遅くとも五歳には選択されるという（『生きる意味を求めて』）。その頃は、まだ言葉の発達は十分ではない。言葉を習得する前にライフスタイルを選び取ったのであれば、今となっては選択の責任を問われるのはおかしい、と考えることもできるが、アドラーは、自分のライフスタイルを「今」知ってしまったら、「その後」どうするかについては、知った本人に責任が生じると考える。ここでは、ライフスタイルを知ってしまったら、その後どうするかは自分で決められる、あるいは決めるしかない、とアドラーが考えていることに注目したい。

現代アドラー心理学では、ライフスタイル選択の決断はもう少し遅く、十歳前後にされるといわれている。これより前のことについては、大きな出来事、例えば病気になった、怪我をした、引っ越したというようなことについては、おぼろげながら記憶があるのだが、時系列順に思い出せず、何歳の時のことだったかもわからない。思い出そうと思っても、記憶の焦点はどうしても合わない。

ライフスタイルの選択にはさまざまな要因が影響するのは本当で、たしかに遺伝や環境から、例えばきょうだい関係、親子関係、さらには人が生きている時代や社会や文化などからの影響を受けないわけにはいかない。アドラーは、すべての責めが子どもに帰せられるわけではない、とまでいっている。

目的論との関連でいえば、どこに向かうかを人は自由意志で決めるのである。アドラーは「創造力」という言葉を使っている。外からの刺激や環境、あるいは過去の出来事によって機械的に反応するわけではない。ライフスタイルの選択に影響を与えるさまざまな要因が今のあり方をすべて決めるわけではなく、それらを「素材」として、どの方向へ進むかを自分で決めることができるのである。

先に見たように、アドラーがフロイトのウィーン精神分析協会から離れ、自分の理論に「個人心理学」という名称を選んだのは、個人の統一性（unity）と並んで、個人の独自性（uniqueness）に強い関心があったからであるというのは、この意味である。人は自分が置かれた状況で、他の誰とも違う決断をする。アドラーが関心を持ったのは、いわば生身の血の通った、目の前にいる「この人」であって、人間一般ではなかったのである。

もう一点、ここで注意しておきたいのは、タイプ分けの問題である。自分の性格が、どんなタイプなのかということは、心理学に関心がある人が、最初に興味を持つことといってよい。血液型や星座占いは人気がある。自分のことを知りたい人もあれば、誰かとの相性を知りたいという人もあるだろう。しかし、アドラーがライフスタイルを問題にする時、タイプに個人を当てはめることに警鐘を鳴らす。

私が心理学を学び始めたのは遅く、哲学を最初に学んだのだが、心理学の本を読んで最初に躓《つまず》いたのは、たしかにおもしろいけれども、そこに書かれていることは自分には当てはまらないという思いが拭えないことだった。アドラーの心理学は、その点、法則定立的（nomothetic）ではなく、個性記述的（idiographic）といわれることが、私の注意を引いた。個人をタイプ分けすることは、アドラーの考えと根本的に相容れないのである。

アドラーも、たしかにライフスタイルや性格をタイプに分けることがあるが（例えば『性格の心理学』）、それは「個人の類似性について、よりよく理解するための知的な手段」（『個人心理学講義』）でしかない。タイプ分けや理論は現実を説明するためのものであって、現実との齟齬《そご》をきたせば、理論の方を見直すべきであって、例外として片づけるのは間違っている。アドラーが、子どもを教育する時、心理学を「融通の利かない機械的な仕方」（同書）で適用する、つまり一般的な規則を適用するようなことがあってはならない、といっているのも同じ線で理解できる。

ライフスタイル決定への影響因

ライフスタイルは自分で選んだとはいえ、いわば真空の中、何もないところで選んだわけではない。ライフスタイルの決定に影響を及ぼす因子（影響因）はたしかにあったのである。しかし、最終的にはそれらを素材にして自分でライフスタイルを決めるのだが、ライフスタイルを選ぶ時に、影響因にどんなものがあるかを知り、それがライフスタイルの決定にどんなふうに影響を与えうるかを知ることには意味がある。今になって振り返れば、別の選択肢があったことがわかり、今も昔も人を代えて同じことをしているという気づきは、ライフスタイルを変えるために必要だからである。

遺伝による影響

ライフスタイル形成の影響因としてあげられる遺伝についていえば、アドラーは、その影響を重視しない。後にアドラーの教育論について考察する時に見ることになるが、教育における一番の問題は、子どもが自分には限界があると考えることから起こる。アドラーは、子どもが真に何かについて関心を持てば、そのことが子どもの知的能力を発達させることになると考え、「誰も何でもなしとげることができる」といっている（『個人心理学講義』）。アドラーは「大切なのは何が与えられているかではなく、与えられているものをどう使うかである」と考えるのだが（『人はなぜ神経症になるのか』）、「何が与えられているか」にあまりに注目してしまい、自分の能力には限界がある、と考える子どもは多い。その際、遺伝が引き合いに出されるのである。アドラーは「遺伝の問題はそれほど重要でない。重要なことは、何を遺伝したかということではなく、幼い頃に遺伝として与えられたものをどう使うかということである」といっている（『個人心理学講義』）。アドラー心理学は「所有の心理学」ではなく「使用の心理学」なのである。

このように、遺伝はライフスタイルの影響因でしかないと考え、遺伝を重視しないアドラーだが、子どもの生活に重大な支障をきたしうる身体の障害である器官劣等性は、ライフスタイル形成に大きな影響を与えると考えた。しかしこれとて、既にアドラー自身のケースについて見たように、適切な仕方で補償し、他者に依存しないで人生の課題に取り組む子どももいれば、依存的になって、自分で解決するしかない人生の課題を、他者に肩代わりしてもらおうとする子どももいる。どちらの態度を取るかは、本人が決めるのである。後にアドラーは、子どもの頃のくる病の経験について、「重要だったのは、私の経験それ自体ではなかった。むしろ、私がどのようにしてそれを判断し、自分のものにしたかが重要である」といっている（Bottome, *Alfred Adler*）。

環境による影響

環境というのは、ここではもっぱら対人関係を意味する。きょうだい関係、親子関係は、ライフスタイルの形成に強い影響を与える。さらには、人が生きている時代や社会、文化からの影響を受けないわけにはいかない。それらは先に見たように、「素材」でしかない。どれほど精緻《せいち》に影響因を調べても、ライフスタイルを説明し尽くすことはできない。以下、きょうだい順位、親子関係、文化がライフスタイルの選択にどんなふうに影響を与えうるかを見る。

きょうだい順位

きょうだい順位はライフスタイルの決定に大きな影響を与える（男女の兄弟姉妹をあわせて「きょうだい」とひらがなで書く）。同じ家庭で生まれ育ったきょうだいよりも、別の家庭の例えば第一子同士の方が似ているということもあるほどである。きょうだい関係が、なぜ次に見る親子関係よりも子どもに強い影響を与えるかといえば、多くの親は、普通に子どもを育てると叱ったりほめたりするが、このことが子どもたちの間に、激しい競争関係を創り出すからである。親から叱られてばかりで決してほめられない子どもが、そのことをよしとするはずはない。

以下、それぞれのきょうだい順位について書くが、「傾向」でしかない（『個人心理学講義』）。きょうだいが何人いるか、性別の分布がどうかというきょうだいの配置（家族布置）などが違えば、第一子でも違ってくる。たとえ、まったく同じ家族布置に育つとしても、同じようになるわけではない。自分のきょうだい順位をどう意味づけるかは、子どもが決めるからである。それぞれのきょうだい順位に固有の不利な点があるが、それを補償するのに建設的な回答を与える場合と、破壊的な回答を与える場合がある。いずれを選ぶかは、子どもによって違う。たとえ、親の関わり方が適切なものであっても、子どもがそれをどう取るかは、子どもが決めるわけである。それでも、できることなら、親が適切な仕方で子どもと関わることが望ましいことはいうまでもない。

第一子は、生まれてからしばらくの間は、親を独占することができる。しかし、すぐに妹、弟が親を自分から奪っていく。親が子どもに「あなたのことをこれまでと同じように大切に思っているからね」といってみても、実際には手間も時間も弟や妹に取られるので、それまで親の愛情や注目、関心を一身に受けて甘やかされてきた子どもは、「王座転落」（同書）を経験することになる。

兄や姉は、失われた王座を何とかして取り戻そうとし、そのために、最初は親の手伝いをするなど、親からほめられるようなことをして親の関心を引こうとするが、そのことで思うような注目を得られないことを知ると、一転して親が困ることをすることがある。そうして親の手を煩《わずら》わすことによって、親を自分に注目せざるをえなくする。子どもは親を怒らせるようなことをする。親は子どもを叱る。これが親の注目を引くための適切な方法ではないことは、子どもも自身も知っているだろう。なぜなら、子どもは多くの場合、自分がしていることが親を怒らせることであることを知っているからである。親から叱られたくはない。それなのに、なぜ自分がそのようなことをするかは、子どもは知らない。親もおそらくは知らないのである。

　概して、第一子は勤勉、努力家だが、力で問題を解決しようとするかもしれない。また保守的になることもある。子どもの時に経験したような、弟や妹に相当するようなライバルの出現を恐れる。しかし、これは王座から転落したことを経験したからではない。その経験に影響されて、保守的なライフスタイルを選択したということである。石は必ず一定の方向に一定のスピードで落下するが、「心理的な下降」においては、厳密な因果律は問題にならない（『子どもの教育』）。

　きょうだい順位で中間の子は、第一子とは違って、生まれた時から姉や兄がいる。それでも生まれてしばらくは親の注目を得ることはできるが、すぐに弟、妹が生まれるので、一度も親を独占したことがない。親の注目を得るために、問題行動をするかもしれないし、親のことはあきらめ、自立への道を他のどのきょうだいよりも早く歩むかもしれない。

　末子は、兄や姉がいわれた言葉を親からいわれていない。「あなたは今日からお姉（兄）ちゃんだから、できることは何でも自分でやってね」というような言葉である。姉、兄がある年齢になってできたことをその歳になった時にできなくても、親は何もいわない。そこで、依存的な子どもになるかもしれないが、自分ができないことでも自力で何とかするべきだと思う第一子とは違って、無駄な努力をしないで、必要があればすぐに援助を求めることができるようになるかもしれない。

　単独子は、深刻な対人関係の葛藤を経験していないので、対人関係が上手でないことがある。競争関係がないので、常に親の関心の的になることで、甘やかされて育つかもしれない。そこで依存的で自己中心的になるかもしれないが、他方、非常に自立的になり、他者と一緒に生きていく努力をする子どもになるかもしれない。単独子のライバルは他のきょうだいではなく、父親であり、母親に甘やかされた単独子は、いわゆるマザーコンプレックスを発達させることになるかもしれない、とアドラーはいう（*What Life Could Mean to You*）。

注目を引くこと

いずれのきょうだい順位にある子どもでも、親の注目を常に自分に向けなければならない、と考えているとしたら問題である。このことにどんな問題があるかは後に見るが、ここでは、子どもが親から見て問題行動をした時、アドラーは、そのことの原因ではなく目的を見る。注目を引くことが、親から見て子どもが困ったことをする時の目的である。注目を引くことが目的であれば、親がどんな形であれ子どもの行動に注目すると、その行動は続く。親としてどう関わればいいのかは、後にアドラーの教育論について見る時に明らかにしたいが、ここでは、きょうだいのライフスタイルが大きく異なっているとしたら、親が必ずしも強く意識していないとしても、子どもたちに競争を強いているということ、そのため競争する子どもたちが親の注目を得ようとして問題行動を起こすのであり、しばしばいわれるように、愛情不足が原因ではないということを指摘しておきたい。

親子関係

親子関係も、きょうだい関係と並んで、ライフスタイルの形成に影響を及ぼす。親が、たとえ強く意識していなくても、子どもたちに競争を強いるということを今しがた指摘したが、今日でも親が子どもを育てる時、子どもが親のいうことを何でも聞き〝理想的〟に従順であればいざ知らず、親に反発する子どもを叱らない親は少ないだろう。このような親の子どもへの働きかけが、子どものライフスタイルの形成に大きな影響を及ぼさないわけにはいかない。なぜなら、子どもの中には叱られる子どもがいる一方で、親に叱られず、ほめられる子どもがいるからである。

親が子どもを叱ったりほめたりする時、まったく無原則に行われるのではなく、何らかの基準があり、子どもたちはそれに対しては態度決定を要求される。例えば学歴が重要であるというのは、ある家族で重視される価値の一つである。これを「家族価値」という。

家庭の中で誰かが権威的で、何かを決める時に主導権を握り、他の家族はそれに従うという家庭もあれば、大人も子どもも、いわば平等の一票の権利を持ち、何かを決定する時に民主的に話し合われる家庭もある。家庭にはこのような何か決定するルールとでもいうべきものがある。これを、先の家族価値と対比して、「家族の雰囲気」という。この家族の雰囲気は無意識的に身につけられるので、自分とは違う家庭で生まれ育った人と結婚した時に、たちまち問題になることがある。自分にとって当たり前のことが、相手には当たり前ではないということが次々に明らかになるからである。

毎週、家族をどこかに連れていってやるし、経済的には何の不自由もさせていないのにどこが不満なのだという男性は、おそらく自分も同じような家庭で育ってきたので、他の家族がそのことを不満に思っているかもしれないということに気づくこともないのである。

アドラーの子ども時代

ここで、アドラー自身はどのような家族関係の中で育ち、その中でどのようにライフスタイルを形成したかを、今見たきょうだい関係、親子関係についての考察に照らして見ておきたい。

アルフレッド・アドラーは、一八七〇年二月七日にウィーン近郊の村であるルドルフスハイムで、七人きょうだいの二番目としてユダヤ人の家庭に生まれた。父親のレオポルトは、事実上、ハンガリーに属していたブルゲンラントの出身の比較的裕福な穀物商だった。正式な教育を受けず、知的な欲求はあまり持たなかった。母親のパウリーネは、神経質で虚弱だったといわれているが、家業を手伝う勤勉な母親であり主婦だった。

兄のジグムントは二歳年上であり、アドラーの後、さらにヘルミン、ルドルフ、イルマ、マックス、リヒャルトが生まれた。アドラーは、上と下にきょうだいがいるという意味で、中間子である。一般に中間子には、生まれた時から上に兄や姉がいる。最初の数年は親の注目を自分に向けることに成功しても、第一子とは違って、一度も親の注目、関心、愛情を独占することはなく、しかも弟や妹が生まれると、親の注目は、たちまち弟、妹へと向かうことになる。これが、まさにアドラーが経験したことだった。

母親は、たしかに最初の二年はアドラーを甘やかしたが、弟が生まれるとすぐに、弟に注目するようになった。このことが、アドラーが母親から父親へと気持ちを移したことの背景にあり、さらに、すぐ後で見るようにアドラーがフロイトのいうエディプス・コンプレックスを否定する一つの根拠になった。

　きょうだいの多い大家族の中で、アドラーの陽気な性格は強化されたが、きょうだいの中でただ一人、一番上の兄であるジグムントとは折り合いが悪かった。ジグムントは、アドラーにとって強力なライバルだった。ユダヤ人のアドラー家における第一子の男の子だったこの二歳年上の兄は、後にアドラーが重要な影響を受けながらも離反しなければならなかったフロイトと同じジグムントという名前だった。名前が同じであるのは、無論、偶然であるが、アドラーは後になっても、富裕なビジネスマンとなったジグムントについて、「優秀で勤勉な兄は、いつも私の前にいたし、依然として私の前にいる」と語り、ため息をついた。それほどまでに兄から影響を免れなかったアドラーが、長じては相手を代えて、フロイトに対して、兄に対するのと同じような感情を持って行動をしたのではないかとは、あながち考えられないことではない。

　兄のジグムントが、なぜアドラーにとってのライバルだったかといえば、聡明で支配的なジグムントが第一子としてユダヤ人のアドラー家で伝統的に優位な立場を占めていたこと、さらに、ジグムントが健康だったからである。自分は模範的な兄の影に置かれている、とアドラーは思った。アドラーが、ジグムントとは対照的に、くる病にかかったことについては先に見た。兄は何の造作もなく動きまわることができたのに、アドラーはそうすることができなかったのである。

　しかしこのようなことがあっても、既に見たように、アドラーは「皆は私を助けるのに骨を折った。母と父はできることはすべてしてくれた」といっている。アドラーが、家族の援助という面に注目していることは、後に形成されるアドラーの思想に照らして興味深い。アドラーは他者について、必要があれば自分を援助しようとする「仲間」であると考えるようになったからである。

しかし先にも注意したように、器官劣等性はアドラー自身の場合のように必ず建設的に補償されるとは限らない。器官劣等性を理由として、人生の課題を解決する努力をしないで、できることでもまわりの人にそれを解決させようとする人はたしかにいるからである。さらにいえば、人生の課題にそれを解決するべく取り組むかどうかは、障害の有無には関係がないことをアドラーもすぐに気づくことになる。

器官劣等性があるということは、誰にも同じように受け止められるわけではない。アドラーとは違って、器官劣等性を理由にして人生の課題を回避しようとすることもあれば、まわりの人を自分を嘲笑する敵と見なし、この世界を危険なところと見る人もある。

アドラーの場合は、兄にはとうていかなわないと思っていたにもかかわらず、兄とは違って医師になる道を歩むことになるが、アドラーのような中間子は第一子とは違って、一度も親の愛情、注目、関心を独占したことがない。そこで、中間子は親からの注目をもっとも得にくい位置にあるため、問題行動をすることによって親の注目を引こうとすることがある。あるいは、親から注目されることを早くから断念し、自立への道を歩むのも中間子である。この違いは本人の決心次第である。

これまでのところでは、アドラーの兄ジグムントへの思いに焦点を当ててきたが、兄にしてみれば、父親の家業を継ぐということは、第一子として受け入れないわけにはいかない運命だった。ジグムントは、穀物商の仕事に忙殺されていた父親に手を貸すために、ギムナジウム（中等学校）を退学することを余儀なくされたのである。他方、アドラーは家業に縛られることなく、医師になる道を歩んで行くことができた。ジグムントが兄としてそのことをどう思っていたかは、気にかかるところである。後に家族は、父の仕事のことで経済的に苦境に陥るが、そこから抜け出すためには兄のビジネスでの成功を待たなければならなかった。たとえ家族からそのように頼られていたとしても、家族を支えるために大学教育を受けることができなかったジグムントは、弟のアドラーに対して隠しようのない怒りを持っていたという。

アドラーの親子関係

次に親子関係について見ると、アドラーの場合も、親子関係がライフスタイル形成に影響を及ぼしていることがわかる。アドラーは、母親よりも父親と親しかった。母親は冷たい人で、第一子のジグムントを自分よりもかわいがっている、とアドラーは考えていた。またアドラーは、弟のルドルフがアドラーが三歳の時に亡くなったすぐ後で、母親が笑ったことを許せなかったのである。

アドラーは、著書の中で「早期回想」を引例する時に、自分自身の経験を語ることがある。母親が弟の亡くなった後で笑ったことについては、「ある人」の回想として引かれている。早期回想は、子ども時代の記憶のことである。カウンセリングでライフスタイルを調べる時に、この早期回想をたずねることがある。たずねられた人は、通常、何か覚えていることがあるだろうか、と一瞬困惑するが、深く考えることなく思い出された回想が、その人のライフスタイルをはっきりと示している。無数にあるはずの回想の中から、他ならぬ特定のあることが思い出されたとすれば、その回想がその人の今のライフスタイルを反映しているからである。今のライフスタイルに合致しないことは想起されることはない。

この早期回想をたずねるのは、過去のある時に何かの経験をしたことが、現在のライフスタイルを形成したということを確かめたいからではない。

「〔この人の〕最初の回想は、弟が亡くなった三歳の時のものである。彼は葬儀の日に祖父と一緒にいた。母親は、悲しみにうちひしがれ、すすり泣いて墓地から帰ってきた。少年は母親が少し微笑んだのを見た。彼はこのことに非常に当惑していた。そして、その後も長く、弟が埋葬された日に母親が笑ったということに腹を立てていた」(『人はなぜ神経症になるのか』)

祖父はおそらくは、将来また子どもが授かるというようなことをいったのだろう。このようなことが実際にあったかはわからないが、アドラーが、その後、母親に深い憤りを感じたとすれば、母親との関係を考える時、このことはアドラーにとって重要な出来事だったといえる。

このようなことがあって、アドラーは父親をより近く感じるようになるのだが、後にフロイトのエディプス・コンプレックスの正しさを疑うようになるのは、この自分自身の体験にもとづいている。フロイトは、男の子は父親を憎み、母親に近いという。しかし、自らの経験に照らせば、父親との距離は近く、母親との距離は遠く感じていたのであり、エディプス・コンプレックスは、フロイトがいうように普遍的な事実ではなく、甘やかされた子どもにのみ適用される、と考えた。

亡くなった子どもと残されたきょうだいの間に競争関係が築かれることがある。早世した子どもの後に生まれた子どもが、親からことのほか庇護《ひご》されることがありうることは容易に理解できる。

アドラーは母親を冷たい人だと見ていたが、後に自分の態度を責めて次のようにいった。

「今は、母が天使で、私たちを皆同じように愛していたことを知っている。しかし、子どもの時は、母親について私は誤った考えを持っていた」(Bottome, *Alfred Adler*)

親の立場でいえば、子どもが自分が不当に扱われているという誤解をしないように関わらなければならないが、親が反面教師になることもあれば、反対に親がどれほど正しく接していても、子どもが誤解することを避けるのは難しい。

親が子どもを叱ったりほめたりする時、まったく無原則に行われるのではなく、何らかの基準が家族にはあり、それを家族価値ということは先に見たが、子どもたちはそれに対して態度決定を要求される。子どもたちは、例えば学歴が重要であるというような親の価値観に従うかもしれないし、それを否定するかもしれない。父親は、第二子のアドラーが学問に秀《ひい》で、弁護士や医師のようなエリートの仕事に就くことを期待し、アドラーはその期待に応えたという形になった。

父親は、子どもたちに最大限の個人の自由を許した。罰することもなかったが、愛撫することもなかった。このようなことは、当時のウィーンでは稀なことだった。父親のこの育児にあたっての態度がアドラーに影響を与えたことは、後に見るアドラーの教育についての考え、アドラー自身が子どもたちと関わる時の態度から明らかである。

アドラーが、権威的であることを好まず、男女は無論大人と子どもも対等であると考えたことは後に見るが、これは父親の影響であり、民主的な家族の雰囲気の中で育ったことによる影響は大きい。

文化の影響

ライフスタイル形成の影響因として、さらに文化をあげることができる。男女の役割についての考え方も、この文化に含めることができる。文化は、その中で生まれ育った人にとっては自明なことの集大成というべきものであり、文化に影響されて無意識に身につけられたライフスタイルを変えることは容易ではない。文化は知らず知らず人の考え方、感じ方に浸透するからである。

日本に生まれ育った人であれば、直接主張するのではなく間接的に意志表示をすることが身についており、またそのような仕方での意志表示をすることが、思いやりや気配りとして美徳とされるような文化を半ば自明のこととして身につけてしまっている。言葉に頼らなくても、人の気持ちや考えていることが的確にわかればいいのだが、実際にはそういうわけにはいかない。しかも、他の人の気持ちや考えがわかるべきだという人は、必ず同じことを他者にも要求する。即ち、他の人も自分が何を思い感じているかを、自分が言葉を発しなくてもわかるべきだと考えるのだが、言葉を発しない限り、自分の思い、考えが人にわかるはずはない。それにもかかわらず、わからない人のことを責めるのである。

このような文化は、それを肯定するにせよ否定するにせよ、ライフスタイルの形成に大きな影響を与えることになる。

アドラーはユダヤ人の家庭に生まれた。しかしアドラーは、宗教にはあまり関心を持っておらず、自身のユダヤ的な背景にあまりプライドを感じていなかったように見える。後年、プロテスタントに改宗している。宗教の価値、重要性を否定していたわけではない。それどころか、後に見ることになるアドラーの思想の鍵概念である共同体感覚は、ある意味で宗教の様相を帯びている、といっていいほどである。ユダヤ教に関連して、アドラーは次のようなことを記憶している。

五歳の時、家族と共にシナゴーグ（ユダヤ教の教会堂）に参列していたアドラーは、すっかり退屈しきっていた。祈りは延々と続いた。その時、手の届くところにあった食器棚の引き出しから、礼服の布端が突き出ているのを見つけた。その服の一辺をゆっくりと慎重に、しかし力一杯引っ張った。すると突然、食器棚は傾き、恐ろしい音を立てて床に倒れた。アドラーは、飛び上がってシナゴーグから飛び出した。天の怒りがもたらされた、と思ったのである。

また別の時、アドラー家は過越祭《すぎこし》を祝っていた。アドラーは、天使がユダヤ人の家を調べて、マツォー（種なしパン）を供えているか確かめるという話を聞き、不審に思っていた。本当かどうか調べたくなるのがアドラーだった。祝いの夜、家人が寝た後、階下に降りて行って、食器棚にある種の入っているパンを祭壇のマツォーと取り換えた。何時間も寝ないで起きて、天からの訪問者を待った。天使は現れなかったが、アドラーは驚かなかった。

父親は、朝アドラーと散歩をしている時に、しばしばこういった。「アルフレッド、誰であれお前に何かをいっても信じてはいけない」

アドラーは後に次のように書いている。

「私は、自分の体験から裏付け証明できることでなければ語らないということを、私にとっての厳格な課題としてきた」（『生きる意味を求めて』）

この懐疑主義が、アドラーのもっとも顕著な特徴の一つになった。これは父からの影響ともいえるが、ライフスタイル形成の文化による影響の例としてあげたい。同じユダヤ教の家庭に生まれても、誰もがアドラーのようになるわけではないが、肯定するにせよ否定するにせよ、態度決定が迫られるという意味では、文化はライフスタイル形成の重要な影響因になりうる。

アドラーは、証明できない理論に反対したのであり、宗教的信念の多くは、人が自分の運命をコントロールできると思わせなくし、何よりも個人の責任を曖昧にする、と考えた。もちろん、運命を自分の思うとおりに完全にコントロールできるとまではいえないが、例えば、仮に前世について知れば（そうすることができると信じる人は今も昔もいるのである）、今の自分が抱えている問題はすべて前世において経験したことに起因し、これからの人生も過去と同様、前世に規定されていると考えて、自力で自分の人生を変えていこうとする努力をしなくなるだろう。

スピリチュアリズムまではいかなくとも、若い人が占いの結果に一喜一憂しているのが見られる。占い師から好きな人との相性、さらにはいつ結婚できるかというようなことについてまで断定的にいわれて、それを受け入れている。もしもこのようなことを信じてしまえば、自力で対人関係をよくするという努力をしなくなることは十分考えられる。アドラーは、スピリチュアリズムやテレパシーなどを否定した。このようなことに関心を持つ人は、自分に与えられた限界から出ていきたくてたまらない人であり、死者と結びつこうとすることで、時間を超えようとする。そのような人にとっては、神も自分の願いを叶《かな》え自分に奉仕する存在でしかない。神の意志を自分が必要とする方向へと導くことができると考えるのだが、このようなことは「真の宗教性」からはほど遠い（『性格の心理学』）。

アドラーが宗教を問題にするのは、それが現実との接点を見失わせるからである。宗教が先への希望を抱かせると、人の本来的な目標を彼岸に見出させ、この地上での生を余計な努力、人の成長における価値のない段階と見なすようにさせるのである。

ライフスタイルを変える

以上見たようなライフスタイル形成の影響因は非常に強力である。子どもは大人の前であまりに非力であり、親の子どもへの影響は絶大である。それでも、子どもが大きくなり、今の自分のあり方に問題を感じた時、親に責めを帰してはいけないと思う。そのようなことをしても、子どもには何の益もないからである。

特定のライフスタイルを選択する決心をする前は、いろいろなライフスタイルを試してきているはずなのである。それなのに、いつのまにか自分のライフスタイルを固定してしまう。一度身につけたライフスタイルを変えることは容易ではない。不便であり不自由でもあり、可能ならこんなライフスタイルではなく別のライフスタイルであればいいのに、と思っていてもである。今の自分に身についたライフスタイルであれば、次に何が起こるかを想像できるが、それまでとは違うライフスタイルを選べば、たちまち次に何が起こるか想像がつかなくなる。

すれ違いざまに相手は自分を避けるために目を逸らしたと思う人は、そのようにいつも思ってしまう自分のことが嫌いだと思うかもしれないが、避けられたと思えば、それ以上その人との関係は進まない。むしろ、そのことをどこか望んでいるところがある。この人が目を逸らしたのは、私に気があるからだと思うと、「次」が待っている。その次の現実は未知のものであり、その時、何が起こるか、予想がつかなくなる。とはいうものの、その現実を受け入れれば、対人関係の中に入っていかなければならなくなることは知っている。そのような現実を引き受けるのは勇気がいる。

不便で不自由だと思っていたライフスタイルでも、実は自分が選んだのであり、この先起こることが予想もつかないよりは、不便でもあえて変えないでおこう、という決心をしているのである。それまでの慣れ親しんだライフスタイルに固執することには、そうするだけのメリットがあるともいえる。

そこで、慣れ親しんだライフスタイルを変えないでおこうという決心を不断に行っているといっていい。この決心をやめさえすれば、ライフスタイルを変えることは可能である。可能だが、このライフスタイルでは生きていけないというような経験をしていないので、多くの場合、ライフスタイルを変えることはできない。

それでもライフスタイルは変えられる

カウンセリングにくる人に、自分のことを好きですか、とたずねることがある。人は、ライフスタイルを通してこの世界を見て、それによって感じ、思い、生きているのだが、このライフスタイルを選んだ自分のことを好きだという人はいないといっていいくらいである。他の道具、例えばコンピュータであれば、今使っているものが気に入らなければ新しくてより高性能のコンピュータに買い換えることができる。しかし、この私自身はそういうわけにはいかない。

パリのセーヌ川左岸にエッフェル塔が建設されたのは一八八九年、万国博覧会の時のことだった。その二年前、土台が築かれると、多くの芸術家や作家が醜悪な鉄骨を無様に組み立てただけでパリの美しさを冒瀆《ぼうとく》するとして、建設に抗議文を発したが、塔の名前が由来する設計者であるギュスターヴ・エッフェルは「私が思うに、塔はおそらくそれ固有の美しさを持つようになるだろう」と予言した。

ところが、この時、抗議をした作家のモーパッサンは、エッフェル塔の二階のレストランで食事をすることを好んだ。そのことを知人に咎《とが》められたモーパッサンは答えた。

「パリで、エッフェル塔を見ずに食事ができるのはここだけだからね」

このよく知られた話は、ライフスタイルについて三つのことを教える。まず、ちょうどエッフェル塔からパリの市街を見渡すことはできても、塔の中にいると見えないように、ライフスタイルは、自分ではそれがどのようなものかわからないということである。

次に、このように自分には見えないということもあるが、嫌だといいながら、結局のところ今のライフスタイルを受け入れている人は多いということである。

さらに、エッフェル塔はこの抗議文の中で「無意味で怪物的なエッフェル塔」といわれたけれども、今やその「固有の美しさ」を認めない人は少ないだろう。ライフスタイルをエッフェル塔にたとえるならば、ライフスタイルもまた怪物から美しい塔へと変わりうるということである。アドラーであれば、エッフェル塔についての「意味づけ」を変えることができる、というであろう。

このエッフェル塔にたとえられる新しいライフスタイルは、やがて醜悪な鉄骨とは見られなくなるだろうが、変えること自体が大きな抵抗を引き起こす。ライフスタイルを変えることは、塔の比《ひ》喩《ゆ》を続けるならば、必ずしもそれまでのものが老朽化し使えなくなるからではなく、より快適なものにするためであることもあるけれども、新しいものへと変えることは、一からの建設であれ、リフォームであれ、多かれ少なかれ抵抗なしには行われないだろう。

もしも変えようと思っても、その決心だけでは十分ではない。それまでのライフスタイルのどんなところに改善点があるかを知ることが必要である。しかし、そもそも今の自分のライフスタイルがどのようなものかを知らないのだから、無意識に身につけられていた今までの自分のライフスタイルを意識化することが始まりである。その上で、それまでとは違うどんなライフスタイルを選ぶことができるかを知る必要がある。

相対主義を超える

ところで、これまでのところでライフスタイルを変えられると書いてきたのだが、変えるというのは、より「よい」ものに変えるという意味であるはずである。この「よい」というのは、道徳的な意味はない。先に「誰一人として悪を欲する人はいない」というソクラテスのパラドクスについて見たように、善は自分のためになる、反対に悪はためにならないという意味である。ライフスタイルを変えるという時、それが自分にとってこの意味での善でなければ、変えようとは思わないだろう。今のライフスタイルを変えたくない人は、この意味でいえば、変えないことが自分にとって善だと判断しているわけである。しかし、もしもその人が今までのライフスタイルとは違うライフスタイルを選ぶ決断をするのであれば、「本当」によいライフスタイルを選ぶだろう。

先に、ライフスタイルの定義の中に自分や世界についての意味づけをあげたが、自分や世界についてどんな意味づけをしても、等しく真理なのかという問題について見ておきたい。ソクラテスの同時代人プロタゴラスは「万物の尺度は人間である」と考えた。例えば、この料理はおいしいかどうか（甘い、辛い、味が濃い、薄いなど）は自分で判断することができるとしても、ある食物が身体にいいかどうか、あるいは有害かは、自分の好みでは決めることはできない。

プラトンは、次のようにいっている。

「正しいことや美しいことについては、多くの人はそう思われるものを選び、たとえ実際にはそうではなくても、とにかくそう思われることを行ない、そう思われるものを所有し、人からそう思われさえすればよいとする人々が多いであろう。しかし、善いものとなると、もはや誰一人として、自分の所有するものがただそう思われるというだけでは満足できず、実際にそうであるものを求め、単にそう思われることには、この場合、誰もその価値を認めないのではないか」（プラトン『国家』）

幸福も同じで、人から幸福だと思われているだけでは意味がない。人からどう思われるかということに汲々《きゅうきゅう》としている人があるが、他の人がどう思うか、プラトンの言葉でいえば、「思われ」（評判）を気にしている人は、幸福からはもっとも遠い。人からどれほど幸福だと思われたとしても、他ならぬこの私が実際に幸福でなければ意味がない。幸福とは何かかは、ある食物が身体にいいかどうかと同様、どんな意味づけでもいいわけではなく、恣意《しい》的に決めることはできない。

それでは、アドラーは、各人の思わくによっては決められないように見える事柄について、それの善悪に関する絶対の基準があることを認めるだろうか。たしかに、アドラーは「私たちの科学でさえ絶対的真理に恵まれてはおらず、コモンセンス（共通感覚）にもとづいている」といっている（『個人心理学講義』）。ここでコモンセンスは、私的知性（私的論理）に対比して使われている。人は、自分が意味づけした世界にしか生きることはできない。しかし、その意味づけがあまりに私的なものであれば、他者との共生は困難になる。

その上で、アドラーは「私たちは誰も絶対的真理の〈知識〉には恵まれていない」（同書）、あるいは「われわれは誰も絶対的真理の〈所有〉に恵まれていないのである」（*What Life Could Mean to You*）といっているが、誰も絶対的真理を持っていないとしても、そのような真理が「ない」ということにはならない。

アドラーは、まったくの私的な意味づけではなく、自分にとっても共同体にとっても、コモンセンス（共通、普遍的）なものとして、一般に受け入れられる有用な意味づけこそが重要だ、と考える。しかし、他方、普遍的なものを認めることには問題がある。

後に理想について考察する時にあらためて問題にするが、この世界においては絶対の真理を認めることはできない。状況を離れた絶対の善はない、ということである。例えば、借りたものは返すということが、どんな状況どんな場合においても正しいとはいえない。ナイフを借りた相手が一時的に狂気の状態に陥れば、そのような人にナイフを返すことが正しいとはいえないのは明らかである。

むしろ、状況を離れて絶対の真理を認めることは危険である。あることが善かどうかは、状況に応じて、一つひとつ検証していくしかない。アドラーは既成の価値を無批判に肯定しなかった。たとえ大多数の人が認めているとしてもである。文化は自明性の集大成である。アドラーは、文化の自明性に批判的な立場を貫いた。

アドラーは、また自分にとっても共同体にとっても、コモンなものとして一般に受け入れられる有用な意味づけが重要だと考えたと先に書いたが、コモンセンスを重視するといっても、そのコモンセンスが「常識」とは限らない。むしろ、常識とは大いにかけ離れているように見えることもある。例えば不登校の子どもにとって、学校に戻ることが、何が何でも正しくて、その方向に向けて援助することが、状況や子どもの状態とは関係なく絶対的に正しいとは限らないということである。

選択の一つの方向性

それでも、アドラーはライフスタイルのうち、どれを選ぶべきかということについて一つの方向性を示している。

第二章では、行為と感情を例に目的論について見たが、話を少し前に戻すならば、人は自分が経験したことを、ある目的のために意味づける。好意を持っている人に対しても、自信がない人は、その人との関係を先へ進めることをためらうために、相手が目を逸らしたのは自分を避けたからだと意味づける。また、多数ある経験の中から「目的に適う」ものを見出し、それに目的に適った意味づけをする。ある人から離れたい人は、自分とその人との経験の中から、その人の嫌なところを探し出すのである。

早期回想をたずねられた人が、無数の記憶の中から特定の記憶を選ぶ時、その選択は決して無原則ではなく、今のライフスタイルに合致した回想しか選ぶことはない。さらにいえば、そのライフスタイルをもある目的のために選び出すわけである。先に言及したトラウマについていえば、たしかに大きな災害が起こった時、人がそれによって受けるショックは大きなものだが、その経験から離れることがないとすれば、それはある目的に適うからである。

イライラすることをいわれて人を殺した人は、「自分はすぐにカッとする性格」だといった。性格は、既に見たように、生得的なものではないのだが、それを生得的なものと見れば、やはりある目的に適うことになる。

アドラーは、先にも引いたが、次のようにいっている。

「意味は状況によって決定されるのではない。われわれが、状況に与える意味によって自らを決定するのである」(*What Life Could Mean to You*)

ここでいわれる状況というのは、第一章で見た例でいえば、器官劣等性を持って生まれ育つというようなことである。しかし、身体が不自由であるからといって、そのことが人のあり方を決定するわけではない。

また、たとえ親が子どもを甘やかしたからといって、必ず甘やかされた子どもになるとは限らない。甘やかす親は、アリストテレスの言葉を使えば、先の例では彫刻家に当たる起動因である。甘やかす親がいなければ、親に甘やかされる子どもは存在しない。しかし、子どもが甘やかす親に育てられたとしても、子どもがそのことを善と見なければ、子どもは甘やかされることを拒むだろう。

甘やかされることが、自分にとってためになる（善である）という判断をした子どもは、親に甘やかされた子どもとして育つことを選ぶのである。

自分で決めたのでなければ、他者や状況に責任転嫁をすることは容易である。しかしアドラーは、自分が決めるという面を強調する。そうすることで、責任の所在をはっきりさせたいのである。アドラーはこうして、何か外的要因によって今の自分が決定されたという考えを徹底的に斥ける。

以上のことから、まずアドラーはライフスタイルの内実が何であるかということ以前に、それが自ら選択したものであることを強調する。ライフスタイルの内実としても、自分のライフスタイルは自分で選んだのではなく、外的な諸要素、あるいは過去の経験によって決定されたと考えるようなライフスタイルを斥けているということである。

人生の課題の中へ

もう一つは、既に何度も言及しているのだが、対人関係を回避しようとするライフスタイルをアドラーは斥けている。例えば、災害などに遭った人はたしかに大きなショックを受けるが、その経験からいつまでも離れようとしないのであれば、そのことには目的があり、それは端的にいえば対人関係を回避することである。

ライフスタイルについて見れば、世界を危険なところと見なし、他者を敵と見なす人は、そのように世界と他者を見ることによって、他者との関係を回避しようとしているのである。先にも見たが、他者についてこれやあれやの短所や欠点があるからその人のことが嫌いになるのではなく、嫌いになるために、その人の短所や欠点を見つけ出す。そして、嫌いになるのはその人との関係を回避するためである。

これとは反対に、自分について否定的な見方、意味づけをする人もある。カウンセリングにくる多くの人が自分が嫌いであるという時、これやあれやの短所や欠点が自分にあるから自分が嫌いなのではなく、人との関わりをその短所や欠点を理由にして回避したいのである。人と関わることを恐れない人は自信があり、自分の長所を容易に見つけることができる。

そこで、アドラーは対人関係を回避する方向での自分や世界、他者についての意味づけを斥け、そのことを目的にする行為を認めないといえる。

第四章　共同体感覚——自分への執着を超えて

一人では生きられない

これまで対人関係にたびたび言及してきた。人は他者との関係を回避できないからであり、回避できないのは、人の本来的なあり方が他者との関係を離れてはありえないからである。

カウンセリングのテーマはそのほとんどが対人関係にまつわるものである。アドラーは「人間の悩みはすべて対人関係の悩み」（『個人心理学講義』）であり、「究極的には、われわれの人生において対人関係以外の問題はないように見える」（*What Life Could Mean to You*）といっている。人は一人で生きているのではなく、他の人の間で生きている。一人では「人間」になることはできない。「個人はただ社会的な（対人関係的な）文脈においてだけ個人となる」のである（『個人心理学講義』）。

人は一人では生きられないということでもある。このことの意味は、しかし人が弱いからということよりも、人はその本質において初めから他者の存在を前提としており、他者と共にあることで、人は「人間」になるということである。一人では人は人間になることはできない。人は一人でも生きていけるが、他者と共生することが必要であるというのではなく、人は最初から社会的存在なのである。社会や共同体から離れて生きる個人はありえないのである。

もしも人が一人で生きているのなら、何をしようと誰も止めはしないし、一人で生きる世界においては善悪もないといっていいだろう。言葉も他者の存在を前提にする。たった一人で生きているのであれば、言葉はいらない。論理も、一人であれば必要ないだろう（『子どもの教育』）。自分だけに通じる言葉ではなく、言葉と論理とコモンセンス（共通感覚）を使って他者と交わらなければならない。自己中心的な人は、コモンセンスを持っておらず、自分にしか通用しない私的知性しか持っていない（『生きる意味を求めて』）。コモンセンスがなければコミュニケーションはそもそも成立しない。「私的な意味は事実上まったく意味を持たない。真の意味は、コミュニケーションにおいてのみ可能である」（*What Life Could Mean to You*）

問題は、他者と離れて生きてはいけないのに、その他者がいわば自分の行く手を阻止する存在でもあるということである。しかし他方、その他者を無視することはできず、実際、人の言動は誰もいない、いわば真空の中で行われるのではなく、それが向けられる「相手役」がいて、その相手役としての他者から何らかの応答を引き出すことを目的にしているのである。怒りはこのことの例である。一人で怒る人はない。相手を怒らせるようなことをあえていったりすることで、相手から応答を引き出そうとするのである。また一般には心の（中の）症状と見なされている神経症でも、その症状が向けられる相手役がいる、とアドラーは考えている。

ところが、私が興味深く思うのは、このように他者は行く手を阻む存在であり、そのために人の悩みは対人関係をめぐるものばかりといっていいくらいなのだが、それにもかかわらず、アドラーが他者を「仲間」であり、「敵」とは見ていないということである。この仲間の原語はMitmenschenであり、この言葉からアドラー心理学の中心的な概念である共同体感覚（Gemeinschaftsgefühl）と同義で使われるMitmenschlichkeitという言葉が作られた。「仲間」であること（Solidarität）、人（Mensch）と人（Mensch）とが結びついている（mit）という意味である。この言葉の反意語はGegenmenschlichkeitで、こちらは人と人とが対立している（gegen）という意味である。

他者をどう見るかで対人関係のあり方は大きく変わってくるだろう。他者を仲間とは考えていない人は多い。このことは、人と話す時、相手と目が合うかどうかというようなことからもわかる。アドラーは、大人の顔を真っ直ぐ見られない子どもは不信感を持っている、といっている（『子どもの教育』）。目を逸らすことは、瞬時のことではあっても、自分を他の人と結びつけることを避けようとしていることを示しているのである。

子どもを呼んだ時に、どれくらい近くまで来るかということからも、子どもが他者をどう見ているかがわかる。多くの子どもは、ある距離を置いて立ち、まず状況をさぐり、近づくこともあれば、遠ざかることもある。

先にも注意したように、他者を仲間と見るか、敵と見るかという決心が最初にあって、他者を敵と見る人は、人生の課題を回避しようとしているのである。敵であると見なす他者とは少なくとも積極的に関わろうとはしないだろう。

アドラーにとって、心理学は「心の態度」である（Bottome, *Alfred Adler*）。単なる理論であれば、どんな立場を採っても同じかもしれないが、人を仲間と見るか、敵と見るかは生き方に関わってくるのであり、仲間と見るか敵と見るか、態度決定しなければならない。これは他者が存在するか否かという問題ではなく、他者をどう見るかという価値の問題である。

アドラーは、初めて共同体感覚を提唱した時、価値観にもとづく考えは科学ではない、と反論されたのだった。

共同体感覚

アドラーが、この共同体感覚の考えに到達することになった背景に、戦争体験がある。一九一四年に第一次世界大戦が勃発すると、当時四十四歳だったアドラーは、徴兵は免《まぬか》れたが軍医として参戦し、陸軍病院の神経精神科に所属した。アドラーは、ここに入院してくる患者が、退院後再び兵役に就けるかどうかを判断しなければならなかった。このことは、アドラーにかなりの精神的苦痛を与え、眠れぬ夜を過ごした。

アドラーの友人で作家のフィリス・ボトムは、アドラーに会う前、「ソクラテスのような天才」を期待していたが、普通の人でしかなく、特別なことを何も話さないアドラーに深く失望したといっている。私は、ボトムがアドラーにソクラテスのイメージを重ねる時の、ソクラテスのイメージが間違っていたのではないかと思う。アドラーは学究肌のフロイトとは違って、研究のために医学を選んだのではなく、患者の診療のために選んだ。また、フロイトが他の人と交わることなく書くことに専念したのに対して、アドラーはカフェで議論を楽しみ、書くことにはあまり関心がなかった。このようなアドラーの姿は、一冊の著作も残さず、アテナイの街で青年たちと対話をしていたソクラテスを彷彿《ほうふつ》させる。

ともあれ、このようにアドラーにソクラテスを期待して失望したボトムだったが、この最初の印象は、後に決定的に変わった。医師として参戦した戦争についての印象をたずねられ、アドラーは戦争に踏み切った故国を強く批判したのである。

「私たちは皆仲間（Mitmenschen）です。どの国の人であってもコモンセンスのある人なら同じように感じました。この戦争は、私たちの同胞に対する組織的な殺人と拷問である、と。どうしてそれを望まないことがいけないことでしょう」（ホフマン『アドラーの生涯』）

アドラーは続けて、自分が医師として目撃した恐怖と苦しみについて、またオーストリア政府が、市民が戦争の継続を支持し続けるために、繰り返し語った嘘について話した。

このように語るアドラーを見て、ボトムは、もはやアドラーを普通の人とは思わなくなった。

「私が見て、そして聴いていたのは、偉大な人であることがわかりました」（同書）

アドラーは、軍医として第一次世界大戦に参加したが、兵役期間中の休暇の間に、なじみのカフェ・ツェントラルで「共同体感覚」という考えを友人たちの前で初めて披露した。

先に、アドラーがこの語をウィーン精神分析協会にいた時に既に使っていることを見たが、アドラーの中で少しずつ育《はぐく》まれていた共同体感覚という考えが、戦争時の体験によって一気に個人心理学の鍵概念になったと見ることは自然である。アドラー自身の考えによれば、戦争体験が思想を形成したと見るのは、原因論的であるといわなければならない。

組織的な殺人と拷問である戦争を望まないことがどうしていけないのか、そう考えて、突如として（そのように友人には思えたのである）「共同体感覚」（Gemeinschaftsgefühl）という言葉をアドラーは使い始めた。その時のことをアドラーと意見を異にする仲間の一人が後に次のように語っている。

「突然の、まるで宣教師がいうようなこの共同体感覚という考えにわれわれはどう対処することができたであろう。医師という仕事に就く者は何よりも科学を優先しなければならない。アドラーは科学者としてこのことを知っていたはずであり、このような宗教的な科学を非専門家の間で広めると主張するのであれば、専門家としてのわれわれが彼を支持できないということを知っているべきだった」（Bottome, *Alfred Adler*）

こうして、この共同体感覚を提唱することで、アドラーは多くの友人を失うことになった。価値観にもとづくような考えは科学ではないというわけである。しかし、アドラーは個人心理学は価値の心理学、価値の科学である（『生きる意味を求めて』）、と明言している。共同体感覚だけではなく、既に見たように、個人心理学は目的論に立脚しているが、その目的は善であり、価値に他ならないからである。また、アドラーが使ったドイツ語では、劣等感はMinderwertigkeitsgefühlというが、これは「価値」（Wert）が「より少ない」（minder）という感覚（Gefühl）という意味である。劣等感は自分についての価値判断に関わる言葉である。

第三章で、ライフスタイルは自分と世界についての見方であることを見た。自分については、この自分のことを好きになれるか、受け入れることができるかということが問題になる。このことは容易なことではないが、たとえ自分のことが好きになれても、まわりの人のことを仲間と思えない人は多い。そのような人は、他者を仲間ではなく敵と見なすわけである。仲間と見なすか、それとも敵と見なすかが、世界についての見方である。

他者を仲間だと思え、共同体の中に自分の居場所があると感じられるか否かでは、人生が変わってくる。アドラーは「全体の一部」という表現をよく使う（例えば、『子どもの教育』）。自分がどこかに所属しているという感覚、ここにいてもいいと思える感覚をいう。どうすればこの感覚を得られるかは後に見るが、このような意味をGemeinschaftsgefühlの日本語訳である「共同体感覚」から読み取ることができる。

ただし問題は、この「共同体」の意味である。これは「到達できない理想」（『教育困難な子どもたち』）であり、共同体が既存の社会であるとは、どこにもいわれていない。ここでいう「共同体」は、さしあたって自分が属する家族、学校、職場、社会、国家、人類というすべてであり、過去・現在・未来のすべての人類、さらには生きているものも生きていないものも含めたこの宇宙の全体を指している（『人間知の心理学』）。したがって、アドラーは共同体感覚という言葉から連想されるような、既存の社会への帰属感を想定しているわけではなく、そのような限定された共同体に適応することが重要であるといっているわけではないのである。

それどころか、時には既存の社会通念や常識に対して断固として否といわなければならないことがある。ナチスに対して態度決定をすることを迫られ、否といった多くの人は、収容所で殺された。アドラー自身は、後に見るようにナチスの台頭によって身の危険を感じ、アメリカへと活動の拠点を移したが、アドラーに教えを受け活動を共にした人たちが、収容所に送られ命を落とした。その意味でアドラー派は、一度アウシュヴィッツで滅んだといえる。

戦争神経症

軍医として参戦していた時、アドラーは、一人の患者から兵役を免除してもらえるようにしてほしいという申し出があったにもかかわらず、頑健なその患者を歩哨《ほしょう》任務に就くことができる、と判断した。

「私はある人が危険な前線に送られないように多大の努力をしていた。夢の中で、私は誰かを殺したという考えが浮かんだ。しかし、誰を殺したのかはわからなかった。私は『誰を殺したのだろうか』と思い悩んで、精神状態が悪くなった。実際には、私はその兵士が死なないように、彼をもっとも有利な部署につかせよう、と可能な限りの努力をしたという考えに酔いしれていただけなのである。夢の中の感情は、この考え方を促すことを意図していたが、夢が口実だけであることを理解した時、私はまったく夢を見なくなった。なぜなら、〔夢によるのではなく〕論理にもとづいて、することも、また、しないでおくこともできる何かをするために、自分を欺く必要はなくなったからである」(『個人心理学講義』)

アドラーは、神経症の一類型としての戦争神経症について語っている。アドラーは、戦争神経症はもともと精神の問題を抱えている人に起こる、と考えていた。戦争を無意味で不毛であるとして、戦争を始めたオーストリアの政治家を非難するようになるのは後のことである。社会的な義務に直面して臆病さを見せる人が神経症になるが、戦争神経症も例外ではなく、アドラーは「すべての」

神経症には弱者の存在がある、と考えた。弱者は「大多数の人の考え」に自分を適応させることができず、神経症の形を取った攻撃的な態度を取ることになる、といっている。この流れでは、すべての神経症の中に戦争神経症も含まれているように取れる。

後に見るように、神経症者が課題を前にして、そこから逃避を試みようとするとしても、戦争神経症の場合、直面する課題は戦争である。そこから逃れてはいけない課題と、逃れることが許される課題があってしかるべきではないだろうか。

アドラーが共同体感覚について初めて語ったのは、戦時中のことだったが、戦後、この共同体感覚が誤用されたこと（*The Individual Psychology of Alfred Adler*）をアドラーは集団の罪を扱った『もう一つの面』（一九一九年）というブロードサイドにおいて非難した（ホフマン『アドラーの生涯』）。この中で、アドラーは戦闘員や兵役を志願した人に戦争の罪を着せようとすることは誤っていることを明らかにしている。

アドラーは罪を着せようとしたわけではないにしても、戦争という枠組みの中で、神経症の患者を再び戦場に送らなければならなかったのである。しかし、共同体感覚という場合の共同体、あるいは先に見た全体の一部という場合の「全体」を現実の共同体と混同しなければ、共同体感覚の誤用はありえない。

通常、人は複数の共同体に属している。現に属している直近の共同体の利害が、より大きな共同体の利害とは相容れないとすれば、より大きな共同体の利害を優先するのが適切である。戦争神経症の兵士の処遇を決めなければならない時、国家を超えるレベルの共同体のことを考えれば、ただ病が癒えたからといって、戦場に戻すわけにはいかないだろう。

そうなると、共同体の要求、即ち今のケースでは国家のために戦うべしという要求に否と答えなければならないこともあるだろう。状況を離れて善悪が決められているわけではなく、どんな場合も、あることが必ず善、あるいは悪であると決めることはできない。共同体感覚という時の共同体は現実の共同体ではないので、国家の命令に従うことを無条件に善であるとするようなことは、アドラーのいう共同体感覚とは関係のないことである。

他者への関心

この共同体感覚の原語の Gemeinschaftsgefühl が英語に訳された時に、アドラーは social interest という訳をもっとも好んだといわれている。social interest という訳語は、ドイツ語の原語とは違って、共同体との関連があまり強調されず、social、即ち人と人との間の対人関係への関心（interest）、他者への関心という点にこそ、意味の力点が置かれている。Gemeinschaftsgefühl は、他にも communal sense, social sense などと訳されたが、social interest の利点として、「『関心』（interest）は『感情』（feeling）や『感覚』（sense）より行為に近い」ということが指摘される（Ansbacher, Introduction. In Adler. *The Science of Living*）。受動者（reactor）としての個人よりも、行為者（actor）としての個人が強調されているのである。

「関心」にあたる英語の interest は、ラテン語で inter est（est は esse の三人称単数形）、つまり「中にある」あるいは「間にある」という意味である。「関心がある」ということは、対象と自分との「間に」（inter）関連性が「ある」（est）ということである。他者、あるいは他者に起こることが自分とは無関係ではなくて、自分に関係、関連があると見ることが、その人に関心があるということの意味である。

ところが、自分には関係、関連がないと考えて他者には関心を持たず、自分にしか関心を持たない人がいることが問題である。アドラーのいうことはシンプルである。自分にしか関心を持たない人に、他者に関心を持つように援助することが重要であることを再三再四説いているのである。共同体感覚の英語訳を使って説明するならば、self interest（自分への関心）を social interest（他者への関心）へと変えていかなければならない。この「他者への関心」が「共同体感覚」である。教育は共同体感覚の育成である、とアドラーがいう時、自分にしか関心がない子どもの関心を他者に向けることを意味する。

子どもにとって、母親はこの世で最初に出会う人である。この母親が、自分にとってどんな人であるかは、子どもにとって重要な問題になってくる。端的にいうと、仲間か敵かということだが、無視されて、あるいは憎まれて育てば、子どもは母親を敵であると思う。甘やかされて育てば、子どもは母親を仲間だと思うかもしれないが、子どもを甘やかす母親は、この世界に自分以外に仲間がいることを子どもに教えない。

自分への執着

アドラーは「自分への執着」（Ichgebundenheit）が個人心理学の中心的な攻撃点である、といっている。他者の存在を認めず、他者には関心を持たず、自分にしか関心を持たない人は多い。また、アドラーがいう意味で、共同体の中に自分の居場所があると感じられることは重要なことだが、そのことと自分が世界の中心であると思うことは、別のことである。自分が世界の中心であると考えている人は、他者が自分のために生きている、と思う。他者が自分の期待を満たさなければ憤慨する。そのような事態を指してアドラーは「自分への執着」といっている。

共同体感覚は、他者の存在を認め、他者にどれだけ関心を持っているかの尺度である。そこで、アドラーは「共感」を重視する（『個人心理学講義』）。共感ができるためには、相手と自分を同一視し、この人ならこの場合どうするだろう、といわば相手の関心に関心を持たなければならない。このような意味での共感は、容易なことではないが、共同体感覚の基礎となるものである。アドラーは、「他の人の目で見て、他の人の耳で聞き、他の人の心で感じる」は、共同体感覚の許容しうる定義であると思える、といっている（同書）。

この意味で、他者に関心を持つことが重要であるのは、一つは「自分だったら」（どう見るか、どうするか）という発想から抜け出さない限り、自分のライフスタイルを通してしか、他者を見ることができないからである。実際には、自分のライフスタイルからしか他者を見ることはできないけれども、少なくとも自分の見方、感じ方、考え方が、唯一絶対のものではないことを知っていなければ、他者を理解することはできない。他者のことはわからない、と思って、そのことを前提に人を理解することに努める方が、他者の理解に近づく。わかっていると思っていたら、自分の理解が誤っているということすら思いつかないことになり、他者を理解できないだろう。

いつも「私」の視点からしか考えない人は、他者の理解だけではなく、その世界におけるあり方が、自分中心になってしまう。自分には思いもつかないような考えをする人のことを理解できず、自分が理解できない人や事象を問題にせず、自分の世界から排除する。かくて世界は自分を中心にめぐっているという錯覚に陥ることになる。

さらに、認識面だけではなく、精神的に健康な人は、他者が自分に何をしてくれるかではなくて、自分は他者に何ができるかということに関心を持っているのである。

私は、共同体感覚を次の意味で解している。自分のことだけではなく、常に他者のことも考えられる。他者は私を支え、私も他者とのつながりの中で他者に貢献できていると感じられること、私と他者とは相互協力関係にあるということ、と。

人は他者と共生するこの世界から離れて生きることはできない。私は他者から影響を受けるが、同時に私も他者に影響を与えることができる。人はこのような意味で「全体の一部」であるから、自分だけが幸福になることはできない。

現実を超える理想主義

共同体感覚を説くアドラーにとって、戦争は人と人とを反目させる（gegen）という意味で、共同体感覚の対極にあるものである。

私がアドラーの生涯について調べていた時に不思議に思ったのは、アドラーが戦場で悲惨な戦争の現実を目の当たりにしたにもかかわらず、共同体感覚という、人間についての楽観的な見方を表明できたということである。戦場で人間の数々の愚行を見ても、アドラーのそのような見方は揺るぐことはなかったのだろうか。

フロイトは、同じ戦争を目の当たりにして、死の本能を着想している。これは自己破壊衝動であり、外に向かうと攻撃性になる。フロイトはこの攻撃性を「人間に生まれつきそなわる他者を攻撃する傾向」という（Freud, *Das Unbehagen in der Kultur*）。

これに対して、共同体感覚が現に実現していなくても、それは規範としての理想なので、それを目指すのが人のあり方である、とアドラーは考えたのである。アドラーが共同体感覚をまさに理想と見たことに、アドラーが戦争の真っ只中で、なぜ共同体感覚という思想を着想したかという問いを解く鍵がある。

理想が現実からほど遠い時、理想を掲げることは意味がないように考えられることがある。しかし、理想はそもそも現実と食い違っているものである。例えば、隣の家の鶏を盗んではいけないという法律があった時、もしも鶏を盗む人が一人もいなければ、この法律は必要ない。しばしば隣の家から盗む人がいるからこそ、その人を罰する法律が意味を持つのである。加藤周一は、憲法第九条を念頭に置いてこのたとえを出しているのだが、法律と現実が食い違っているのは当然で、食い違うからこそ、その人を罰する法律が意味を持つという加藤の論点は、理解できる（加藤周一『9条と日中韓』）。

アドラーは、戦場での悲惨な現実を目の当たりにしたからこそ、そして共同体感覚という考えが現実へ働きかける力が強いからこそ、戦争における悲惨な現実を回避するために、理想としての共同体感覚という思想を抱くに至ったのである。共同体感覚が規範としての理想であることは、既に見たとおりである。

理想主義を事前（ante rem）論理という。現実を説明することに終始する論理、現実主義は、これに対して事後（post rem）論理といわれるが、事後論理には現実を変える力はない。アドラーに影響を与えたマルクスが「哲学者たちは世界をただざまざまに解釈してきただけである。肝腎なのはそれを変えることである」（マルクス『フォイエルバッハに関するテーゼ』）といっていることはよく知られている。そのマルクスの言葉どおり、アドラーもただ世界を解釈するだけではなく、世界の変革を意図した。共同体感覚という新しい理想を持ち出したのは、世界を変革するためだったのである。

アドラーの治療時における関心は、ただ現状の説明ではなかった。現状の説明に終始する事後論理に満足しなかったことは、アドラーが原因論ではなく目的論を採ったことからもわかる。原因論に立脚するカウンセリングは、問題の原因を過去に遡って探り、その説明をするだけである。そのことによって、患者が今の問題、例えば症状の原因を他者や過去、さらに今自分が置かれている状況に帰し、そうすることで、今ある問題が自分の責任ではなかったと知って安心することはあっても、それだけでは現状は何も変わるわけではないのである。他方、目的論は目を過去ではなく、未来へと向けることによって、現状の追認から抜け出すことを可能にする。治療者は、これからどうしたいのか、と患者に問う。その目標に向かって、まず一歩を踏み出すところからしか何も起こらない。

アドラーは、個人心理学は形而上学であるという（『生きる意味を求めて』）。直接理解できないことを人間の生から排除したい人は、形而上学としての心理学を批判するだろう。たしかに「新しい理想」は、直接の経験の彼方にある。しかし、直接の経験からは何も新しいものは見出されない。アドラーにとっての直接の経験は、個人レベルでいえば競争であり、憎しみであり、国家レベルでは戦争だった。アドラーが、そのような事実にのみ目を向けていれば、共同体感覚という思想は、決して生まれるはずはなかったであろう。

たしかに、例えば共同体感覚は、その理想の形では、現実に見出されるわけではない。他者に関心を持つためには、他者を「敵」（Gegenmenschen）ではなく「仲間」（Mitmenschen）と見なし、この世界を基本的に安全な場と見ることができなければならない。このような意味での共同体感覚は、たしかに完全な形では現実には見ることはできない。

しかし理想は、目標として、われわれに方向を与えるという意味で有用である。人生はそもそも目標に向けての動きであり、「生きることとは進化すること」である。そして、その目標は人類全体にとって「永遠の相の下で」（sub specie aeternitatis）の完成に導くものでなければならないのである（『生きる意味を求めて』）。

そこで、たとえ理想が現実に見出されなくても、あるいはむしろアドラーが適切に指摘するように、われわれが絶対的真理に恵まれてはいないからこそ、人は現実をそのままの形で認めることなく、少しでも理想に近づくべく努力できるのであり、努力しなければならないのである。これは、個人の人生についても同じである。現実を超える努力をしない人生は停滞以外の何ものでもない。

アドラーが共同体感覚について揺るぎのない信念を持つことができたのは、神経症者の治療に成功したからでもある。先にも見たように、自己への執着こそが問題で、自己への関心を他者へ向けることによって共同体感覚を育成することが、神経症者の治癒へと導いたという実績は、共同体感覚が重要であることをアドラーに確信させる根拠になり、その確信は戦争という現実を前にしても揺るぐことはなかったのである。このことの意味については、後に神経症について詳しく見る時に明らかにしたい。

ウィーンは、ドイツの占領までは、ヨーロッパでもっとも洗練され、寛容で機知に富み、国際的な精神に満ちた首都だった。アドラーが愛したウィーンのカフェに見られる開放性と友好性が、アドラーが共同体感覚を自分の心理学の柱として発想するに至った土壌だったと考えることができる。それゆえ、先に戦争において現実を直視したはずのアドラーが、共同体感覚を主張するに至った背景について、理想と現実との関係からもっぱら考えてみたが、戦争以前からのウィーンの精神風土を思えば、突如として持ち出された突拍子もない考えではなかったと考えることもできる。

しかし、それならば、アドラーが共同体感覚について語った時、なぜ多くの人がアドラーの元から去ったのか。そのことの意味を探らなければならない。

隣人愛と共同体感覚

戦時下では、味方の側には強烈な仲間意識というべき愛国心が生まれるだろう。愛する人、家族を敵から守ること、国を守ることは、当然だという意識が高揚される。しかし、アドラーがいう共同体感覚は、そのようなものではない。むしろ聖書でイエスが説いているような隣人愛、敵をも愛せという考えに近い。フロイトは、このような命令は「人間の攻撃性のもっとも強い拒絶」（Freud, *Das Unbehagen in der Kultur*）であるという。

このアドラーのいう隣人愛ともいえる共同体感覚は、いわば、ただお題目を唱えればいいというようなものではない。先に、所属感が人間の基本的な欲求であるということを見た。他者を仲間と思い、共同体の中に自分の居場所があると感じたい、と誰もが願うだろう。大人から見た子どもの問題行動の多くは、そのように感じられない子どもが、不適切な方法によって、即ち他者の手を煩わせるという形で注目を得、そうすることで共同体に所属しているという感覚を持ちたい、と願ってなされるのである。

消極的な人であれば、この感覚を持つことができず、自分さえいなければ他の人はうまくやっていける、と考える。いずれも間違いである。自分のことは肯定できても、他者のことは敵としか思えないとか、反対に自分のことは肯定できないが、他者を仲間と見ることができるということは、実際にはありえない。自分のことを肯定できるためには、ただ自分の長所を知っているというようなことではなく、他者を仲間と認めることが必要であり、他者から何かを得るというような受動的なことではなく、共同体感覚がsocial interestと訳された経緯について見たように、他者に関心を持ち、さらに貢献することが必要である。

アドラーは、共同体感覚について論じる時、たしかに「隣人愛」という言葉を使っているのである。無論、個人心理学は宗教ではない。このアドラーの主張には、根底にフロイト批判があるのである。

「仔細に見れば、フロイトの理論は、自分の諸々の本能は決して否定されるべきではないと感じ、他者が存在することは不公平である、と思い、『なぜ隣人を愛さなければならないのか』『私の隣人は私を愛してくれるだろうか』と常に問うている甘やかされた子どもについての一貫した理論であることがわかるだろう」（*What Life Could Mean to You*）

フロイトにとって、隣人愛は理想命令（Idealgebot）であり、人間の本性に反する。隣人愛は人間の持つ攻撃的衝動に対して文化が課す制止命令である。倫理が目指しているのは、文化の最大の障害物、即ち人間に生まれつきそなわる他者を攻撃する傾向を除去しようとすることである。

フロイトによれば、初めてこの隣人愛という理想命令を耳にする時、驚きと意外さの感情を抑えることはできない。見知らぬ人は愛するに値するどころか、敵意さらには憎悪を呼び起こす、と隣人愛へのフロイトの反発は、はなはだしい。「なぜそうすべきなのか。そうすることが何の役に立つのか。何よりも、この命令をどのようにして実行するのか。そもそも実行できるのだろうか」とフロイトは問う。

このような問いは、愛することではなく、愛されることばかり考えている人の問いである。たとえ誰からも愛されなくとも、私は隣人を愛そう。成熟したライフスタイルを持ったアドラーは、フロイトの問いを一蹴する。

アドラーは隣人愛について次のようにいっている。

「宗教によって課せられたもっとも重要な義務は常に『汝の隣人を愛せよ』だった。ここでもわれわれは、また違った形で、仲間への関心を増すという同じ努力を見る。このような努力の価値を今や科学的な見地から確かめることができるのも興味深い。甘やかされた子どもはわれわれに『なぜ私は隣人を愛さなければならないのか。私の隣人は私を愛しているのだろうか』とたずねるが、このようにたずねることで、協力の訓練を欠いており、自分自身にしか関心を持っていないことを明らかにしている。

人生において最大の困難に遭い、他者に最も大きな害を与えるのは、仲間に関心を持っていない人である。人間のあらゆる失敗が生じるのは、このような人の中からである。共同体感覚をそれぞれ独自の仕方で増そうとする多くの宗教や宗派がある。私自身は、協力を最終目標と認めるすべての人間の努力に賛同する。互いに闘ったり、評価したり、過小評価する必要はない。われわれは誰も絶対的真理の所有に恵まれていないのであり、協力という最終目標に導く道は多くある」（*What Life Could Mean to You*）

アドラーは、「仲間」（Mitmenschen）を、「隣人」（Nächste, Nebenmenschen）とほとんど同じ意味で、並べて使う（“Schwer erziehbare Kinder”）。「なぜ私は隣人を愛さなければならないのか」とたずねる人は、協力の訓練を欠いていて、自分自身にしか関心がない、とアドラーはいっているが、その協力や、自分ではなく他者に関心を持つことについて話した時に、この質問を受けたアドラーの答えは単純明快なものだった。

「誰かが始めなければならない。他の人が協力的ではないとしても、それはあなたには関係がない。私の助言はこうだ。あなたが始めるべきだ。他の人が協力的であるかどうかなど考えることなく」

(*What Life Could Mean to You*)

フロイトは、もしも「汝の隣人が汝を愛するごとくに、汝の隣人を愛せよ」と語っているならば、異論はない、という。無論、こんなことなら誰でもいうだろう。もし私を愛してくれるなら、君を愛すよ、と。しかし、イエスもアドラーも、隣人愛ということで、そのようなことを意図していない。

およそどんな理論や学問も、個人の人生と同じような飛躍がなければ発展はない。連続ではない飛躍があってこそ発展がある。一時、アドラーの元で学んでいた精神科医ヴィクトール・フランクル(『夜と霧』の著者)は、アドラーの思想について、「量子飛躍」(quantum leap)という言葉を使っている(Bottome, *Alfred Adler*)。古典物理学では説明できない、量子力学的な突然の変化のことである。そもそも、進歩を可能にするならば、来るべきより若い世代への跳躍によってのみなされる。その跳躍、飛躍は一つの立場から新しい立場へと一歩前へ踏み出すことであり、分断されない連続的に上昇する動きではなく、飛び越える動きである。アドラーにとって、このような飛躍は、戦争経験によってもたらされたのかもしれない。アドラーが、戦場で目の当たりにした酷《むご》い現実から共同体感覚を着想したのは、飛躍以外の何ものでもない。

価値をめぐって

アドラーが共同体感覚を提唱した時、価値観にもとづくような考えは科学ではない、と考えた多くの友人が去ったことは先に書いた。他方、アドラーは個人心理学は価値の心理学、価値の科学である(『生きる意味を求めて』)、とはっきり主張していることも既に見た。

個人心理学は、目的論に立脚するのであり、その目的は善であり、価値に他ならない。ある動きが、機械的あるいは因果的にとらえられるのではなく、行為といわれるためには、まず行為に先立って何かを意図し、目的あるいは目標を立てなければならない。この意図や目的は、はっきりとしているわけではなく、無意識的なこともあるが、それは必ず「善」でなければならない。ここでいう「善」は先に見たように、道徳的な意味ではなく、自分にとって〈ためになる〉という意味である。これが価値であることはいうまでもない。

既に見たように、アドラーは価値相対主義の立場に与《くみ》しなかった。なぜ、共同体感覚を提唱したか、即ちなぜ他者を仲間と見て、その仲間に貢献するというような理想を掲げたのか、そしてなぜそうすることが重要だと考えたのか、その意味について考えてみたい。

例えば、赤い花が咲いているのを見るという時、常識的には次のように考える。「この花は赤い」といい、主語である花が述語である「赤い」という性質(後の議論の便宜上、これをFとする)を持っている。このように性質を持つ当の「もの」と、その「もの」に属する「性質」(属性)が区別される。「もの」は独立して存在する実体であり、性質はこの実体に所属して、実体に依存して初めて存在しうるという意味で属性といわれる。

あるものについて、その性質が変化するという場合、性質は変化するが、同一のものとして存続する「もの」(x=個々の事物・事象・人)がある、と考えられる。ちょうど、人が帽子を替え、帽子の種類が替わっても、帽子をかぶる人が同じであるように、このような変化を通じて、同一の

「もの」として存続するものを「基体」という。

そこで、「この花は赤い」という主語・述語構文に対応する形で、実体、あるいは基体（この花）が属性（赤い）を持つことになる。

これは、認識論（知覚論）の場面では、知覚の因果説（causal theory of perception）に相当する。性質の担い手そのものは、性質から区別され、性質を一切持たない、いわば純粋無垢の「もの」でなければならない。このような性質の担い手である「もの」、物質は、知覚される色も音も匂いもない。そのような「もの」が知覚を引き起こす（cause）、あるいは原因となる、と考える。ここで「引き起こす」といっても、また随伴する、対応する、反映するといってみても、意味するところははっきりとはしない。

性質を一切持たない純粋無垢の「もの」とは何か。石について考えると、石は白い、冷たい、硬いなどの知覚的性質の集合である。しかも、石それ自体が一つの性質であり、白い、冷たい、硬いなどの形容詞的な知覚的性質とは何ら認識論上の身分差、資格差はない。こうして世界の基礎として知覚的性質を持たない「もの」を想定するのである。

日常的な思考や言語においてはこのような見方がされ、それらの延長上にある科学的な思考においては、何の問題もなく受け入れられる。しかし、このような見方は世界についての一つの見方ではあるけれども、これが世界の究極的なあり方として把握されると、問題が起こることになる。世界の究極の基礎として「もの」だけが真実であるとすれば、このような世界は、かなり奇怪な世界であるといわなければならない。知覚的性質はすべて仮の「もの」にすぎず、真実ありのままの世界は、人が認識する知覚とはまったく関わりがないことになるからである。

リアルな感覚があっても、「客観的な」指標から判断し、感覚を「仮」の、あるいは「偽」のものとして認定することがある。先に見た、知覚的性質はすべて仮のものにすぎず、真実ありのままの世界は、人が認識する知覚とはまったく関わりがないということは、このような事態を意味している。例えば、井戸水は年中を通して温度は同じはずなのに、感覚的には夏は冷たく冬は温かく感じられる。この感覚は「仮」のものであって、「本当は」十八度である、と認めなければならないのだろうか。

もしもこのような見方を認めれば、色も味も一切の知覚的性質は、世界の究極の基礎からは排除されるのみならず、およそ「もの」ではない生命、心、目的、価値は、すべてそこから排除されることになる。価値から自由な没価値的、あるいは価値中立的（value-neutral）な世界観である。

また、「もの」と価値の世界が乖離、分裂している、と考えれば、事実に関わる「客観的知識」と価値（善）に関わる主体的知恵というように、人間の知のあり方も二つの方向に分かれてしまうことになる。価値や道徳、倫理の問題は厳密な知識にはならない、あるいは、is（である）から ought（べきである）は導き出せないというようなことがいわれるようになった。

しかし、感覚、目的、価値といったものは、このような世界観においてはすべて欠落することになるか、あるいはこれらが大きな所与である以上、欠落を補うために「もの」の世界とは独立に、それらを想定する二元論になることになる。

価値中立的な世界観こそが「科学」であると考えた人は、共同体感覚という価値を前面に打ち出したアドラーの思想を科学と見なすことはできなかった。しかし、仮のものとして排除される価値を全面的に考慮に入れないとすれば、そのようにして成立する価値中立的な世界は、現実のあり方とはほど遠い。むしろ、われわれは価値中立的な世界観が「仮」として斥ける現実の中にこそ生きているのであって、それ以外の世界に生きているのではないのである。

プラトンの目的論

アドラーが採る目的論、あるいはアドラーが斥けた原因論という概念は、当然アドラーの時代に突如として現れたわけではない。既にギリシア哲学において問題にされていた。目的論を臨床に適用したところに、私はアドラーの独創を見る。ここでは私は、プラトンの考えをもとに、アドラーの思想を基礎づけることを試みたい。

そのプラトンは、世界の基礎としての「もの」的実体を解消する。プラトンは「もの」的実体の観念を拒否し、世界のあり方の究極の基礎としての「もの」に形而上学的な資格、身分を与えることを拒否したのである。

常識的には、知覚の「対象」（x）と呼ばれるものが、何か恒久不変の実体的なものとして、知覚に先だって、あるいは知覚の現場を離れて存在、存続し、知識の世界そのもののうちに、知覚を引き起こす原因、知識の根拠として説明される（これが「知覚の因果説」である）。しかしプラトンは、感覚的知覚を徹底的に分析し、知覚の世界がイデア（φ）なしには自立しない、徹底的な動と変化そのものに還元されることを明らかにした。

アドラーが好んだという次のような寓話《ぐうわ》がある。死の床に就いていた父親を子どもたちが取り囲んでいた。息子が前に進み出て、未来について知っていることを話してほしい、といった。「ただ一つ確実なことは、確実なものは何一つなく、すべてのものは変化するということだ」(Hooper et al. *Adler for Beginners*)

例えば、先にもあげた「石」を例にすれば、白い、冷たい、硬い、さらに石という知覚的性質を支える実体、基体はない。あるのは、その時々に現れる知覚的性質だけである。

花を見た時に「この花はきれいだ」とは普通はいわないだろう。ただ「きれい」というだけである。このような述語的な直接性を後に反省すると「この花はきれい」ということになるが、知覚の現場では、ただ知覚像、あるいは知覚性状が現れているだけである。

お腹が痛いというのは、痛いという知覚がお腹という場所に現れてくるという意味である。お腹という実体が、痛さという知覚的性状を持っているというわけではないのである。

しかし、プラトンが知覚一元論、現象主義の立場を採らなかったのは、感覚界のうちに、真の知識の根拠になるような恒久なものを認めることができなかったからである。

アドラーについていえば、ある出来事を体験しても、そのことが、ただちに一様に同じ帰結をもたらさないということである。人は、ある出来事あるいは自分が置かれた状況について、何らかの仕方で意味づけるのである。したがって、どれほど悲惨な体験をしたとしても、その体験がただちに、あるいは必ずトラウマになるわけではない。それをトラウマになるような出来事だと判断し、そのように意味づければ、トラウマになることはある。

今、使っている言葉で説明するならば、トラウマになるとされる出来事、例えば自然災害や事件に巻き込まれたというようなことをxとすると、それがトラウマを引き起こす（cause）という説明では、同じxがトラウマを引き起こさないケースがあることを説明できない。同じ身体のあり方（x）が、同じ症状を引き起こすとは限らない。xが認められないにもかかわらず、症状があるということもある。この場合、データを見る限り本当は症状が出るはずはない、といわれても、患者には意味がなく、現に症状があるということこそ現実である。

子どもの問題（とされる）行動も、xとしてとらえるのではなく、それをどう解釈するか、意味づけするかが問題になってくる。これがFである。その違いによって、問題行動そのものが違ったものになる。ちょうど過去の意味づけが変わることで、意味づけが、というより過去そのものが変わるといっていいようにである。現在の世界や自分についての意味づけの仕方がライフスタイルだが、先に見たように、早期回想が問われると、このライフスタイルに合致したことしか思い出せない。今のライフスタイルが変わることで、思い出されることが変わり、たとえ同じ出来事であっても、異なったストーリーとなって想起されることがある時、過去そのものが変わったといえるのである。

これらのことをどう意味づけるか（F）は、人によって違う。しかし、すべての意味づけ（F）が同等に正しいかといえば、そうではない。ある食べ物がおいしいとか、おいしくないということについては人によって違っていても、そのことが致命的な結果をもたらすことはないだろう。しかし、この食べ物が身体に有害かそうでないかは、恣意的に決めることはできない。人が幸福に生きられるかそうでないかということも、恣意的に決めることはできないし、人から幸福と思われているかではなく、事実、幸福でなければ意味がないのである。

そこで、アドラーは人がそれぞれ固有の仕方でこの世界を意味づけている、と考えるが、その事実の確認で終わらない。人がこの世界で生きるにあたって、どのように世界や他者また自分を意味づけることで、幸福に生きられるかということを吟味するのである。

なぜイデア（φ）が必要かは大問題である。なぜなら、客観的対象としての物理的事物が、まず知覚とは独立に存在して、それが原因となって、知覚像が生じるという見方を斥け、かつ現象一元主義に居直ることもしないのであれば、知覚像が現れる原因をどこに求めるのかという問題に答えなければならないからである。

簡単にいえば、何か美しいものを見て、「きれい」「美しい」といわせる究極の根拠としてあるのが、イデア（φ）であるといえる。発語の「美しい！」の本来的な意味を支え、成立させているのである。

一般に、Fという言葉の意味を知っているということは、何かが現れた時に、それがFである（あるいはFでない）と判別できるということに他ならない。しかしこの判別が、なぜ万人にとってあらゆる場合に一定不変でないか、つまり私が美しいと判別した知覚像を他の人はそう判別しなかったり、また、かつては私が美しいと判別しなかったものを、今は美であると判別することがあるのか。また、人によって、あるいは同じ人についても、経験の程度によって判別内容が異なるのはなぜか。あるものを見て美しいという時、決して過去において見た多くの美しいものと比較して美しいといっているとは考えられない。初めて見る景色に心動かされ、初めて会った美しい人に目を奪われることもあるからである。

この問題をつきつめていくと、どうしてもFという判別そのものの中に、先験的（経験に先だってある）といっていい何かが働いているとしか考えられない。それがFをしてFたらしめるイデア（ϕ）である。

「場のここに美という知覚像が現れている」と記述される事態を考えてみると、決してそれだけで自足しているのではなくて、美が他ならぬ美として現れ、美として判別されるということ自体の中に、先験的な美のイデアが、理想、規範、基準として働いていることで初めて、この経験的事態が成立しているということがわかる。

イデアは、このように経験の中にそのままの形で、現実の知覚像として現れることは決してないが、現実の判別の中にリアルに働き、判別自体を成立させている原因、根拠である。

以上は、もっぱら認識、知覚の局面でϕがFの判別においてどう働くかを見たのだが、目的論と原因論の違いについて論じた際に問題にした行為についても、同じように考えることができる。即ち、あることをどう意味づけるか、その意味づけには目的がある。過去の出来事がトラウマになったという原因論に立つ人ですら、実はそのような意味づけをする目的があるといえる。この意味で、原因論は目的論と対立する見方ではなく、目的論に包摂される。

ある知覚像をFとして判別するということは、その知覚像が他ならぬFであることによって定まるような、それに対する反応や対処、対応のあり方への合図を受け取るということである。青信号を見た時に、それを青として知覚、判別するということは、とりもなおさず、そのまま「進め」という合図、横断を開始する行為そのものである。

どんな知覚像も、それぞれ固有の表情を持っており、それが意味あるいは価値である。行為についていえば、学生が講義を聴かずに眠っている姿を教師が視野の片隅にとどめた時、その知覚像を教師は叱責《しっせき》しなければならない表情を持ったものとして見ることもあれば、何もしなくていいという判断をさせる表情を持ったものとして見ることもある。

ぼんやりして車を運転していたところ、ふいに歩行者が前の道路を横断してくるのを知覚したら、その知覚はただちにブレーキを踏むという行為になる。このように緊迫している時でない場合は、今これからしようとしていることについて、それが善であるかどうかを考えて判断することになる。例えば目の前にあるパンは、食事を制限しているにもかかわらず、私にそれを食べたくなる気を起こさせる表情を持ってそこにある、その時、食べることが、自分にとって「善」なのかどうかを判断しなければならない。パンが食べたくなる気にさせる表情を持っているという書き方をしたが、無論そういう表情を持ったものとして見るのは、既に自分の意味づけであり判断である。どんなに空腹でも、食べてはいけないということはある。それにもかかわらず（と、いいたくなるのだろうが）パンを食べたとすれば、食欲に負けたわけではなく、そうすることが善であるという判断をしたのである。

重要なことは、イデアと現実を混同してはいけないということである。Fはそれだけで自立しない一方で、φはFから離れて存在するのではない。φは知覚像や現在や過去の経験をFとして判別する根拠である。この世のいろいろなものにイデアの面影を認め、ある程度、イデアを想起することはできる。われわれは、そのようにしてしかイデアを知ることはできない。イデアの認識を深めれば深めるほど、地上のいかなるものとも混同することはなくなる。イデアと現実の混同は偶像崇拝への道を開くことになる。このことがアドラー心理学にとってどういう意味を持つかは、さらに後に考察したい。

共同体感覚の検証

アドラーが主張した共同体感覚は、先に見たように、理想なのである。共同体そのものも、共同体感覚という言葉によって意味された事態も、決してその完全な形でこの世界に現れたことはない。保守的な考えの人には、アドラーの思想は非常に急進的に見えることがあるだろう。他方、アドラーが共同体感覚について論じ、他者への貢献（これについてはまだ明らかにしていない）の意義を強調することは、利己主義が蔓延するように見える今日、保守的に見えるかもしれない。

アドラーがいう共同体が「ゲマインシャフト」（Gemeinschaft）であることに注目したい。通常、ゲマインシャフトと対比されるゲゼルシャフト（Gesellschaft）は、目的社会、利益社会ともいわれる人為的に形成された社会である。テンニース（ドイツの社会学者）は、ゲマインシャフトの方を、家族など成員が感情的に融合し、全人格で結合する社会という。こちらは自然的な共生関係が基本である。

神学者の八木誠一はイエスの言葉が文字どおり行われる社会を、報いをまったく求めない純粋の

「贈与型」社会と呼んでいる（八木誠一『イエスと現代』）。これはゲマインシャフトと似ているが、それとの決定的な違いがあることにも注意している。

「思うにこの違いはまことに決定的である。というのは、ゲマインシャフトは内部では仲が良いが、外に対しては閉鎖的で、そのメンバーとなるのは通常、大変難しいものだ。また、内部では争いがなくても、外部には差別的・敵対的となりやすいものである」（同書）

メンバーでない者は「よそ者」「敵」というレッテルを貼ってしまう。しかし、イエスの場合は「善きサマリア人の例え話」（『ルカ福音書』）が示しているように、イエスのいう愛の対象としての隣人は、善きサマリア人にとっては、自分たちを差別冷遇するユダヤ人、「よそ者」「敵」だったのである。

「ここにイエスの語る人間関係とゲマインシャフト的人間関係との違いがある。つまりゲマインシャフトとは違って、イエスの場合はコミュニケーションに対して無限に開かれているのである」（八木誠一『イエスと現代』）

アドラーがいう共同体は、この説明からすると、通常いわれる共同体ではなく、贈与型社会に相当するだろう。アドラーが「敵」（Gegenmenschen）に対して「仲間」（Mitmenschen）といい、人（Mensch）と人（Mensch）の結びつき（mit）を問題にする時、その人は閉鎖的な社会の範囲の外にある人であっていいわけである。この意味からも、アドラーのいう共同体は新しい思想であった。

アドラーが、共同体感覚という場合の「共同体」は到達できない理想であって、決して既存の社会、国家ではないということは、いくら強調してもしすぎることはない。それは「人類が完全の目標に到達した時に考えるような、永遠のもの」で、「決して現在ある共同体（Gemeinschaft）や社会（Gesellschaft）が問題になっているのではなく、政治的、あるいは、宗教的な形が問題になっているのでもない」（『生きる意味を求めて』）。もしも、アドラーのいう共同体をこのようなものとして考えなければ、人は「全体の一部」であるというような表現をするアドラーの思想は、容易に全体主義と解されてしまうことになるだろう。

アドラーは、共同体感覚を提唱することで、明らかに特定の価値観にもとづいた一つの世界観を選択した。アドラーは、これを理想として提唱したのであり、それがこの世界で完全なものとして実現されるわけではない。

その共同体感覚が誤用されたことは、アドラー自身が著作の中で言及している。例えば、戦争でもう既に半分負けたと思っているのに、軍隊の最高司令官が、なおも何千という兵士を死へと駆り立てるというケースをあげている。司令官は当然、国益のために行ったという立場を主張し、そのことに同意する人も多いだろうが、アドラーは「たとえどんな理由をあげるとしても、われわれは、今日、彼を正しい仲間と見なすことはほとんどないだろう」（『性格の心理学』）と共同体感覚の誤用の例としてあげている。

また、ある老婦人が、市街電車に乗ろうとして足を滑らせ、雪の中に落ちた時、誰も助けようとはしなかった。ついにある人が彼女のところへ行き、助け上げた。その瞬間、別の、どこかに隠れていた男性が飛び出してきて、彼女を助けた人に次のようにいって挨拶した。「とうとう、立派な人が現れました。五分間、私はそこに立ち、この婦人を誰かが助けるかどうか待っていたのです。

あなたが最初の人です」（同書）

他者への関心、他者貢献は、自分がどうするかが重要であるのに、いつの時代もこの男性のような人はいる。共同体感覚も理想（先の議論の言葉を使えばφ）と一致するわけではないので、絶えず「真の共同体感覚と誤った共同体感覚」（同書）のいずれであるか、吟味しなければならないのである。

第五章　優越性の追求――「善」の実現

優越コンプレックスと劣等コンプレックス

アドラーは、全体としての個人が優越性という目標を追求して行動する、と考えている。まったく無力な状態から脱したいと願うという意味で優れていようとすることは、誰にも見られる普遍的な欲求である（『個人心理学講義』）。

「すべての人を動機づけるのは優越性の追求であり、われわれの文化にわれわれがなすすべての貢献の源泉である。人間の生活の全体は、この活動の太い線に沿って、即ち下から上へ、マイナスからプラスへ、敗北から勝利へと進行する」（*What Life Could Mean to You*）

これと対になるのが劣等感である。いずれも誰にでもあり「優越性の追求も劣等感も病気ではなく、健康で正常な努力と成長への刺激である」（『個人心理学講義』）とされている。

先に器官劣等性から始めて、アドラーが劣等感についてどう考えるかということを見た。既に少し言及したように、アドラーは全体としての個人が優越性という目標を追求する、と考えるようになった。注意しなければならないのは、この優越性の追求は劣等感の補償に由来するのではないということである。劣等感の補償が原因となって優越性の追求が生じる、と考えることは、原因論的なので、やがて一般的な目標追求性の概念を提唱し、優越性の追求をより根源的なものとしてとらえ、劣等感はその副産物と考えるようになったのである。

しかし、強い劣等感と過度の優越性の追求は、それぞれ劣等コンプレックス、優越コンプレックスと呼ばれ、いずれも人生の有用ではない面にある、とアドラーは考えた。劣等コンプレックスがさらに高じると、神経症になる。優越コンプレックスは優越性追求の過度の状態であり、それは個人的な優越性の追求、あるいは神経症的な優越性の追求といいかえられている。

このように、優越性の追求そのものが否定されているのではないが、人が直面する課題を個人的な優越性を得るという仕方で解決しようとすることを、アドラーは問題にするのである。普通の人は優越コンプレックスも優越感も持っていない。それなのに自分が優れていることをことさらに強調し、それを他者に誇示しようとする人は、実際に優れているかどうかを問題にせず、それどころか、実際には優れていないのに優れているふりをする。ただ他者より優れているように見えることが問題であり、そのために絶えず他者からの評価を気にかけ、他者からの期待に応えようとする。そこで、実際よりも自分を大きく見せるために、爪先で立つようなことをして「成功と優越性」(同書)を得ようとする。

そのような人は、他者からの期待に応えようとするが、実際には他者は自分が思っているほどの注目も期待もしていないかもしれない。それにもかかわらず、自分で自分についての理想を高くする。そのために、現実の自分がそれに到達できなければ、理想と現実との乖離《かいり》に悩み、感情的に自分を責めることになる。

自分を実際よりも優れているように見せるという優越コンプレックスは、自分が取り組み解決しなければならない、自分に与えられた課題を克服するどころか、そこから逃避しようという方向に作用する。他者から期待されていると思っている自分のイメージから現実の自分があまりに離れてしまうと、優れようとすることそれ自体も断念することになる。あるいは、優れようとすることを断念するという目的のために、とうてい現実の自分が達成できない理想を立てるともいえる。ともあれ、個人的な優越性にとっては、自分が優れていると思われることが重要であり、それを追求することで、課題達成という目標が最優先事項ではなくなってしまう。

このような並外れた野心を持った子どもたちは困難な状況にあるとして、アドラーは次のようにいっている。

「成功したかどうか、という結果によって判断し、困難に立ち向かい、それを切り抜ける力によって判断しないのが習慣的だからである。また私たちの文明では、根本的な教育よりは、目に見える結果、成功の方により関心がある、ということも習慣的なことである」（『子どもの教育』）

結果を出すことが必要であることはたしかにあるが、ただ結果を出せばいいというものではないだろう。結果を出すために何をしてもいいわけではない。

多くの人は困難に立ち向かい、それを切り抜ける力ではなく、目に見える成功の方に関心がある。しかし「ほとんど努力することなしに手に入れた成功は滅びやすい」（同書）。このような人は成功しなかったら、もはや二度と困難に立ち向かおうとはしないだろう。

もう一つの問題は、成功しても、他の人に認められることしか考えない人は、賞賛されなければ満足しないことである。そのような人は他人の賞賛なしに生きることはできない、と感じている。そこで他人の意見に左右されることになる。この点については、後に今日一般的な賞罰教育（叱ることとほめること）の問題について考える時に見るが、成功する、しないという問題ではなくとも、日常の生活において何か適切なことをしても、認めてもらわないと満足しない、あるいは認めてもらうためにだけ適切な行動をしようとする人は多い。

先に見た共同体感覚との関連でいえば、結果を出すことだけを考え、成功しても認められ賞賛されなければ満足しない人は、他者のことなど少しも考えておらず、自分のことしか考えていないのである。

一見、優越性とは関係がないように見えることもある。自分だけが苦しんでいる、と思う人がある。そのような人は自分がこんなに苦しんでいるのに、まわりの人がそのことを理解してくれないと思う。その時、他者は敵になる。例えばその人が病気だとしよう。まわりにいる人は、病気で苦しんでいる人に不用意な言葉をかけられないと思い、腫《は》れ物に触るようなことになる。まわりの人が病気のことを理解するのは難しい。身体の痛み一つとってみても、同じ痛みを経験したことがあればわかっても、そうでなければ痛いことは想像できても、それ以上のことはわからないというのが本当である。まして精神的な苦痛は、当の本人しかわからないというのは本当で、他者がそれを理解しないからといって責めることはできない。それにもかかわらず他者を責め、まわりの人に自分を腫れ物に触るように扱わせ、そうすることで他の人よりも優位に立つことができる、あるいはそういうことによってしか他の人よりも優位に立てないと考えているのである。無論、病気の人が皆そのようであるというわけではない。

また、自分が置かれている状況を改善する努力もしないで、不安になり、他の人に支えられることで優越性を追求しようとする人もいる。神経症者はいつも誰かに支えられ、他の人を自分にかかりきりにさせる。他者は神経症者に奉仕しなければならない。他者を自分に奉仕させる時、神経症者は優越した者になる。

神経症者は、課題を前にしてためらったり、立ち止まったり、あるいは退却することによって、課題から距離を取る。成功するか、あるいは他者を支配できると感じられるのであれば、そのように感じられる状況に自分を置こうとする。このようなことは、安易な優越性の追求に他ならない。この意味での優越性の追求については、後に、誤った優越性の追求としてその特徴をまとめる。

天才の業績

私は、ジャクリーヌ・デュ・プレを思い出す。若くして名を成したこの天才チェリストが、多発性硬化症に倒れたのは、二十八歳の時だった。あるコンサートの日、突如として腕と指の感覚を失った。チェリストとしては致命的な病気である。

精神科医のR・D・レインが自伝の中で、デュ・プレについて触れている。発症一年後には両腕の共同作業能力を永久に失ったかのように見えた。ところがある朝目覚めたら奇跡的にも両腕とも使えることに気がついた。この一時回復は四日続いた。その間、何曲か記念すべき録音演奏（ショパンとフォーレのチェロソナタ）をやり遂げた。長くチェロの練習をしていなかったにもかかわらずである（レイン『レイン　わが半生』）。

レインは器質性の損壊は逆転不能（症状が組織異常にもとづいて起こっている時、元の状態まで回復できないということである）と考えられていることの反証としてデュ・プレのケースを提示しているのだが、私はレインとは違う面に注目したい。おそらくデュ・プレは、自分が回復することを予期してはいなかったであろう。ある朝、両腕の機能が回復していることに気づいた時も、それが何日続くかすらわからなかったに違いない。結果的には四日続いたということでしかない。それなのに、この機会を逃すことなくレコーディングをした。これはデュ・プレの生きる姿勢そのものである。自分のことだけを考えていたら、この一時的な回復の時期に自分の演奏を録音しようなどとは思わなかったのではないか。私はデュ・プレはこの時、自分のためだけに優越性を追求したのだとは思わない。

デュ・プレは、長い闘病生活の後に四十二歳で亡くなった。発症後、チェリストとしての活動はできなくなったが、そのことがどれほど彼女に辛いことであったかは、容易に想像できる。彼女は、晩年というにはあまりに若すぎる歳月をどんなふうに生きただろう。病気になってもまったく動じなかったわけではなく、気持ちが揺れ常軌を逸した行動もあったことを伝記は伝えている。しかし、チェリストとしての活動はできなくても、打楽器奏者として舞台に立ったことも、プロコフィエフの『ピーターと狼』の朗読者を務めたこともあった。そのような形であっても、可能な限り舞台に立ち続けたことも伝記は教えてくれる。デュ・プレは、音楽家としても偉大ではあるが、それ以上に、一人の人間として原因も治療法もわからない病気に屈することなく、人生を生き抜いたからこそ、偉大だったといえるのではないだろうか、と私は思う。デュ・プレの晩年の生き方は「芸術のための芸術」ではなく「人生のための芸術」を具現するものだったといっていいだろう。

アドラーはいう。

「天才は、何よりも最高に有用な人である。芸術家であれば、文化にとって有用であり、あまたの人の余暇の時間に輝きと価値を与える。そして、この価値は、本物であり、単なる空虚な輝きを放つものではなく、高度の勇気と共同体感覚に依存している」（『人はなぜ神経症になるのか』）

デュ・プレのような天才といわれる人に限らないが、成功や名声を目指したり、あるいは努力をせずに安直に手に入れることを目指す個人的な優越性の追求とは違って、デュ・プレが求めたような優越性は、常に共同体や他者が視野に入れられているのである。

世界を変えるために

アドラーが医師になったのも、成功や名声を目指してのことではなかった。アドラーはこの世界をよりよいものにしたかったのである。

何度か見たように、アドラーは子どもの頃、くる病のために身体を自由に動かすことができなかった。健康な兄ジグムントと対面して、自分は包帯を当てられベンチにすわっていたある日の光景を、後に思い出している。

四歳の時、三つ年下の弟ルドルフがジフテリアに罹患《りかん》した。当時はこの病気について十分知られていなかったので、アドラーは弟と同じ部屋で寝かされていた。感染を予防する処置は取られていいなかった。ある朝目覚めると、隣のベッドでルドルフが冷たくなっていた。

アドラー自身も五歳の時に肺炎になって、危うく命を落とすところだった。ある冬の日に、年長の男の子に連れられスケートに行った時のことである。スケートを始めると、その男の子の姿はすぐに見えなくなった。ただいなくなったとしか伝記には書いてないので、なぜ彼がいなくなったかについてはわからないのだが、寒くなったので帰りたくなったのか、あるいは内緒でスケートに行ったことが親に知られると叱られるので、怖くなってアドラーを置き去りにして先に帰ったのかもしれない。

アドラーは、ずっと氷の上に立っていたが、だんだんと寒くなった。男の子は戻ってこなかった。不安になり、寒さの発作に襲われたアドラーは、何とか自力で家にたどり着いて、ソファで眠り込んだが、アドラーの異常はすぐには気づかれず、夜になってようやく医師が呼ばれた。父親は馬にそりをつけ、夜中にウィーンの街を横切って医師を呼びに行った。この時、アドラーは医師から見放された。弟が死んだ後だったので、死の宣告がされたことはアドラーにも理解できた。しかし、奇跡的に肺炎から回復した。アドラーはこの時、医師になる決心をした。

アドラー自身は、このように弟の死や、自分が病弱であり死んだかもしれないという経験から、早くから死の問題に関心を持ち、医師になる決心をした。アドラーは「私には既に幼い時に死の問題が親しいものだった」といっている（『教育困難な子どもたち』）。次の少年についての記述は、アドラー自身の経験に重なるだろう。

「自分のまわりの病気や死に脅えている少年を仮定してみよう。少年はその恐怖を医師になって死と闘うという決心によって鎮めようとするかもしれない」（『人はなぜ神経症になるのか』）

しかし、誰もが医師になろうと決心するわけではない。子ども時代に身のまわりの誰かが亡くなるという経験は、子どもの心に強い影響を及ぼすが、時にはそのことで病的になることがある。

私自身の経験でいえば、それまでは死のことなど知らずに無邪気に生きていたのに、小学生の時、祖父、祖母、弟を一年の間に亡くすという経験をしたことで、人生にはいつか終わりがくるということを知ってしまった。しかし、その死がどういうものかは、それ以上のことは何もわからず、まわりの大人にたずねてみたが、誰も死とは何かという私の問いに答えてくれなかった。今から思えば、答えられなかったということだろう。かくて私は、答えが出ない問いを前にして、うつうつとした精神状態に長くいなければならなかった。

アドラーは、姉の死に大きな影響を受けた子どもが、将来何になりたいとたずねられ、墓掘り人になりたい、と答えた例を引いている。「自分が埋められるのではなく、他の人を埋める人になりたい」と彼はいった。「生と死の主人になりたい」と願った別の子どもは、死刑執行人になりたい、と答えた（『個人心理学講義』）。

アドラーは、やがて一家の期待を担ってウィーン大学の医学部に入学した。彼は研究者や専門家になるよりも臨床医になって患者を癒したい、と考えたので、患者への関心や治療よりも、実験や診断の正確さを重視する医学部の長時間に及ぶ講義は、退屈なものでしかなかった。学位を得た後、ポリクリニク（外来患者診察科）で働いた。アドラーは、生まれの関係で一九一一年までハンガリーの公民権しか持っていなかったので、ボランティアとしてポリクリニクでしか働くことができなかったのである。オーストリアのポリクリニクは、社会保険制度がなかった時代に、労働者階級の家族が無料で治療を受けられるようにするために設立された。アドラーは、そこで眼科医として無償で働いた。これが、アドラーが社会主義に関心を持つに至るきっかけとなった。

結婚後、内科医として開業したアドラーは、一日も休むことなく働いた。朝から夜遅くまで診察と勉学に励み、夜は友人たちと議論するためにカフェに出かけ、家にいることはあまりなかった。アドラーは理想主義的で仕事熱心な医師だった。

愛想がよく眼識があるアドラーは、すぐに尊敬される医師になった。患者や同僚から診断の際、直観的で超人的な能力があるということで知られることになった。医療活動によってこの世界を変革したかったアドラーにとって、患者が裕福ではなかったことは問題にならなかった。

ある時、アドラーはこんなことを語った。対話の相手はアドラーに教えを受け、後にアドラー心理学の指導者になるアルフレッド・ファラウ。アドラーは五十七歳、ファラウは二十三歳だった。

「アドラー先生、人はどんな場合にも死ななければならないと思いますか」

「そんなふうに考えていたら、私は医師にはならなかっただろう。私は死と闘いたかったし、死を殺し、死をコントロールさえしたかった」

しかしいうまでもなく、医学の発達によって死からある程度逃れることはできても、人が死なないですむということはありえない。死後の生のような、およそ証明できない理論に、アドラーは強く反対した。スピリチュアリズム、占星術、テレパシーなども否定した。宗教的信念の多くは、自分の運命をコントロールできることを忘れさせ、何よりも個人の責任（アドラーは人類の進歩はこれにかかっていると考えた）を曖昧にする、と考えたのである。

しかし、アドラーは、宗教そのものを否定するまでには至らなかった。この点、すべての宗教を、一種の普遍的な強迫神経症と見たフロイトとは対照的である。宗教とライフスタイルの関係などについては後述したい。

話をファラウとの対話に戻す。ファラウはたずねた。

「先生は、この私が死ぬと考えることは怖くありませんか」

「いや私は怖くない。私はその考えとずっと前に和解したのだ」

アドラーは死ぬという事実が、自分を不幸にするとは考えない。

「私は今楽しめることをふいにしてまで不幸になろうとは思わない」

一体、アドラーは死とどんなふうに和解をしたのか。死はアドラーにとって、生と分かちがたく結びついていたのである。

ファラウが最後にアドラーに会ったのは、一九三五年、アドラーの亡くなる二年前だった。

「いつか君になぜ私が医師になったか話したことがあるね。私は『死』を殺したかったのだ」

アドラーは少し間をあけてこう付け加えた。

「成功しなかったのだ。でも、途中で私はあるものを見つけた――個人心理学を。それは価値のあることだったと思う」（Manaster et al. eds., *Alfred Adler: As We Remember Him*）

アドラーは一八九七年にライサ・ティモフェーエヴナ・エプシテインに出会い結婚した。ライサは、ロシアの才媛でウィーンに留学し、アドラーとは社会主義の勉強会で知り合った。ライサはトロツキーと親しくしていた。二人の間には、後にヴァレンティーネ、アレクサンドラ、クルト、コルネリアという四人の子どもが生まれた。このうち、アレクサンドラとクルトは精神科医になっている。

後に、アドラーは「仕立業のための健康手帳」と題する公衆衛生に関する小冊子を刊行した。アドラーは早くから健康、病気と社会的要因との関係を研究する社会医学に関心を持っていた。アドラーが医師になろうとしたのは、人類を救う手段としてであり、医師になることでこの世界を変えていきたかったのであり、個人的な富を増やすことを願っていたのではなかった（ホフマン『アドラーの生涯』）。

既に見、そしてこれからも見ていくように、アドラーは治療という実践を通じてだけ世界を変えようとしたのではなく、ファラウとの対話の最後にいっているように、個人心理学の体系をつくろうとしたのだった。アドラーはいう。

「誤った見方をしている時は、心理学はほとんど役に立たない」（『子どもの教育』）

やがてアドラーは政治改革による人類の救済は断念するが、育児、教育による個人の変革を通じての世界改造を目指すことになる。研究よりも治療、育児、教育に専念し、世界各地で講演活動を行うことになる。

善という究極目標

ここで、目的追求性における「優越性の追求」の位置づけについて確認しておきたい。

「劣等器官、甘やかし、無視は、しばしば子どもに誤って個人の幸福や人類の発展に矛盾する征服という具体的な目標を立てさせる」(『生きる意味を求めて』)

アドラーが仕事の拠点をアメリカに移した後に、ウィーンでのアドラーの仕事を引き継ぐことになったリディア・ジッハーは、人はそれぞれの出発点と目標を持っているが、究極的な目標を「総合的目標」(overall goal)、各人が自分で決める目標を「個人的あるいは具体化された目標」(personal or concretized goal)と呼んでいる。総合的目標は力、美、完全、神というようなもので、いずれも理想であるこれらの目標は必ずしも達成されることはない。これに対して、例えば力を目標にする人はボクサーになりたいと願うかもしれない。その場合、ボクサーになりたいという目標を個人的あるいは具体化された目標という(Sicher, *The Collected Works of Lydia Sicher*)。アドラーも例えば「完成の観念の一つの具体化」、また「例えば、誰かがこの目標を具体化する時」(*Superiority and Social Interest*)といういい方をしている。

私は、ジッハーがいうこの総合的目標として、善あるいは幸福を考えている。上に引いたアドラーの言葉からわかるように、人は個人的レベルでいうと幸福、人類のレベルでいうと進化し完成するという目標を立てるが、実際にはこれらの目標達成に貢献しない目標を立ててしまうことがある。「われわれの誰もどれが完成に向かう唯一の正しい道であるか知らない」(同書)。この目標を、例えば人を支配したいと考えることで具体化する人がいるわけである。

私はアドラーのいう優越性は、本来的にはプラトンが考えていた「善」という究極目標に包摂できる、と考えている。

既に見たように、この善という言葉は自分にとって「ためになる」というのが、本来の意味である。人は誰も自分のためにならないことは欲することはない。そのような善こそが人の行動の目標であり、それを実現するために副次的な目標が立てられるのである。

後にドライカースや野田俊作が不適切な行動の目的と見る「権力争い」「復讐」などは、先にも指摘したように、究極的な善（幸福）を達成するために立てられる副次的目標である。

優越性の追求も、同じく副次的な目標の一つである。後に見るように、個人的な優越性を追求することは、善を実現するために有効な副次的目標にはなりえない。アドラーが後に放棄した「権力への意志」は、人間に普遍的な目標ではないが、これを善を達成するための副次的な目標に据える人もあるだろう。

正しい優越性の追求と誤った優越性の追求

この優越性の追求（striving for superiority）という言葉は、ジッハーが指摘するように（Sicher, *The Collected Works of Lydia Sicher*）、「上」「下」がイメージとして喚起されることは否めない。実際、アドラー自身も上、下という表現を使っている箇所もたしかにあって、個人的な優越性の追求についていえば、例えば虚栄心においては「上に向かう線が見られる」というふうに表現されている（『性格の心理学』）。

しかし、アドラーが人生は目標に向けての動きであり、「生きることは進化することである」（"Über den Ursprung des Strebens nach Überlegenheit und des Gemeinschaftsgefühls"）という時、ジッハーは、この進化は「上」「下」ではなく「前」に向かっての動きであると考え、ここには優劣はない、と注意している。人は皆それぞれの出発点、目標を持って前に進んで行くのである。そして、ある人は速く、あるいはゆっくりと進んで行くのである。

そこで、優越性の追求は、後の著作においては正しい方向での追求と誤った方向での追求が区別される。誤った方向での優越性の追求とは、前掲論文をまとめると次のようなものである。

1．他者を支配すること
2．他者に依存すること
3．人生の課題を解決しようとしないこと

神経症については次章で見るが、これらはいずれも神経症者の特徴と一致する。神経症の患者を理解するもっとも優れた方法は、あらゆる神経症の症状を考慮に入れないで、その患者の優越性の目標とライフスタイルを調べることである、といっている（『人はなぜ神経症になるのか』）。アドラーはここで神経症者の他にも、問題行動のある子ども、犯罪者、さらにはより一般的に劣等コンプレックスのある人全般を念頭に置いて論じている。

症状の有無とは関係なく、神経症者らは、人生の課題に直面した時、それを解決しようとはしない（3．人生の課題を解決しようとしないこと）。人生の課題を前にしてそれを解決できないという意味で敗北を恐れ、「ためらいの態度」を取り、「足踏みしたい（時間を止めたい）」と思う（同書）。

また、立ち止まることもあれば退却する人もある。「もしも……ならば」は神経症者のドラマの主題である（同書）。もしも怠惰でなければ大統領にだってなれるのに、というかもしれないし

(『個人心理学講義』)、「もしもこの人が結婚さえしていなければ、彼と結婚するでしょうに」というかもしれない(『人はなぜ神経症になるのか』)。

あるいは「はい……でも」(yes . . . but)といって、結局、課題に取り組まない(『個人心理学講義』)。「その仕事をします、でも……」というふうにいう。「でも」といって、自分が直面する課題に取り組めない理由を持ち出すわけである。「Aであるから(あるいはAでないから)、Bできない」という論理を使う。このAとして、他の人がなるほどそういう理由があるのなら仕方がない、と納得しないわけにいかない理由を持ち出す。

アドラーは、このような論理を日常生活で多用することを、「劣等コンプレックス」と呼んでいる。例えば、カード遊びに熱中する子どもを引き合いに出している。今ならさしずめテレビゲームに熱中する子どもが、アドラーの目を引いただろう。子どもたちはテレビゲームに興じているので、勉強できないというようなことをいう(『子どもの教育』)。また、若くして結婚する青年も同じ理由で結婚するのだ、とアドラーはいう。人生がうまくいかないことの責めを結婚に帰するためである。

遺伝を持ち出して、自分には才能がないというようなことをいったり、今の自分がこのようであるのは、親の育て方に問題があったからだというようなことをいう人もいれば、問題を性格のせいにする人もいる。「自分はすぐにカッとする性格。話しているうちに、イライラすることをいわれて殺した」と。無論、だからといって、人を殺していいわけはない。アドラーの言葉を引くと次のようである。

「劣等コンプレックスを告白したまさにその瞬間に、生活における困難や状況の原因となっている他の事情などをほのめかす。親か家族のこと、十分教育を受けていないこと、あるいは、何らかの事故、妨害、抑圧などについて語るかもしれない」（『個人心理学講義』）

もしもこの症状がなければ、と神経症者がいう時、その目的は、そのようにいうことによって、負けたり面目を失うことを回避することである（『生きる意味を求めて』）。何をするにも必ず成功しなければならないと考え、必ず成功するという保証がある時にだけ挑戦する。しかし、失敗が少しでも予想され、成功することが確信できなければ、最初から挑戦しようとしない。もしくは、失敗しても、そのことによって致命的な打撃を受けることがないように、いわば綱渡りをする人が転落することを予想して、あらかじめ下に網を張っておくようなことをする（『子どもの教育』）。症状はこの目的のために創り出される。

このように、症状は課題から逃避するための口実でしかない。そのような神経症的な口実を持ち出す時、人は他人のみならず、自分をも欺いているのである。このようにさまざまな口実を設けて、人生の課題に直面しようとしない事態を指して、アドラーは「人生の嘘」と呼んだ。

次に、神経症者は、課題を自分では解決できないと考えて、他者に解決を委ねるという意味で依存的である〔前述の2．他人に依存すること〕。劣等コンプレックスが顕著になった人について、次のようにいわれている。このような人は、人生の有用でない面に進んでいき、「問題を解決せず、他の人に支えられることが救いである」と思う（『個人心理学講義』）。

第三に、神経症者は、症状（例えばうつ状態、飲酒、幻覚など）によって、まわりの人を支配する〔前述の1．他人を支配すること〕。うつの人は、自分がいかに苦しんでいるかと不平をいうことで、他の人を支配しようとする（同書）。病気になった人のことを、まわりの人は放っておくことはできない。不安な気持ちにおそわれるので外には出かけられない、と子どもがいえば、親は仕事に行けなくなる。夜も不安を訴えれば、不眠不休で看病しなければならない。かくて昼間も夜も、自分に注目させることに成功し、家族を支配することになる。このようにして不安を他の人を支配するために使っている。「いつも人を自分のもとにいさせなければならず、どこへ行く時にも付き添われなければならないからである」（同書）

怒ることで人を自分の思うようにさせようとする人にも、悲しむことで誰かを自分の元にいさせたり、他者を非難したりする人にも、他人を支配するという誤った方向での優越性の特徴を見ることができる。

優越性の追求と共同体感覚

このような優越性の追求について、共同体感覚に反した（gegen）優越性の追求という表現がされ、優越性の追求が虚栄心という形で表れた場合は、個人的な優越性追求といわれる。他方、正しい方向での優越性の追求は、共同体感覚を伴った（mit）優越性の追求、誤った方向での優越性の追求は、共同体感覚に反した（gegen）優越性の追求といわれる。

共同体感覚は、優越性の追求とは別の作用因として、利己的な優越性の追求に拮抗《きっこう》するのではない。アドラーは人を分割しないで全体的存在として見るので、全体論を認める以上、優越性の追求と共同体感覚を二つの独立した作用因と考え、共同体感覚を利己的な目標追求に拮抗する第二の動因、利他的な動因であるとは考えることはできないのである。アドラーは、共同体感覚は規範的な理想、方向を与える目標（“Über den Ursprung des Strebens nach Überlegenheit und des Gemeinschaftsgefühls”）として優越性の追求に方向性を与えるものと考えるようになったのである。

第六章　神経症的ライフスタイルからの脱却――シンプルな世界を生きる

ライフスタイル改善の必要

前章において、誤った優越性の追求の特徴が神経症者の特徴に一致することを見た。本章ではそのことを踏まえて、さらに神経症的ライフスタイルについて考察する。ここで神経症的ライフスタイルという表現をするのは、必ずしも症状が出ないことがあるからである。しかし症状がなくても、実際に症状がある人とライフスタイルの点では同じである。ゆえに、この神経症者にも見られるが、発症していないという意味では神経症者とはいえない人にも見られるライフスタイルを改善することが必要である、とアドラーは考える。

共同体感覚は、先に見たように、仲間であるということであり（Mitmenschlichkeit）、人と人とが結びついて（mit）いることである。"me with you"（あなたと共にある私）が共同体感覚であり、反対に、"me against you"（あなたに反対する私）が神経症であるという解釈がある（Brett, Introduction. In Adler. *Understanding Life*）。神経症者、神経症的ライフスタイルを持った人も、ともに仲間の存在を認めず、したがってその仲間に貢献しようとはしない。

このように、アドラーにとって、神経症は何よりもライフスタイルの次元での問題である。したがって、ライフスタイルが改善されない限り、症状がたとえ除去されても、別のさらに厄介な症状を呈することになる。症状はライフスタイルが必要とするものだからである。

アドラーの時代には、脳に何らかの病変が想定される精神病のケースがあるという知見はなかった。アドラーの娘であるアレクサンドラ・アドラーは、父は薬物療法のことを知っていたら受け入れていたであろうし、「どんなものであれ進歩に対して常に開かれてきた」といっている（Manaster et al. eds., *Alfred Adler: As We Remember Him*）。しかし、アドラーは他方、今日のように安直に薬物療法がされることに対しては、大いに異を唱えたであろう。アドラーにとって、予防が常に治療よりも重要であった。神経症がライフスタイルの問題としてとらえられるものであり、しかもそのライフスタイルは、これまで見てきたように、生得的なものでなく決心によって変えうるのであるから、ただ症状を除去すればいいというようなことではない。時間はかかってもライフスタイルそのものの改善を目指すことが必要である。

神経症的ライフスタイルをまとめると、次のようになる。

1．私には能力がない、と思う

ここでいう能力とは、人生の課題を解決し、他者に貢献する能力のことである。

2．人々は私の敵である、と思う

神経症者、問題行動のある子ども、犯罪者らは、このようなライフスタイルを形成することがある、とアドラーはいう。表れ方は異なっても、根底にあるライフスタイルは同じであるわけである。

このようなライフスタイルを形成しやすい子どもとして、アドラーは次の三つのタイプをあげる。

まず器官劣等性のある子ども。このような子どもの中には、障害を適切に自力で補償することによって、他者に依存することなく、人生の課題に取り組む子どももあれば、依存的になって自分の課題を他者に肩代わりしてもらおうとする子どももいる。

次に、甘やかされた子どもは甘やかされた結果、自力では課題に取り組むことはできないと考え、依存的になり、注目と世話を受ける中心に立つという意味で、他人に対して支配的になることがある。

第三に憎まれた子どもは、自分は誰からも愛されていない、この世界で歓迎されていない、と感じることがある。このような子どもにとって、他人は常に敵である。

ここであげられた、他者を支配すること、他者に依存すること、人生の課題に取り組もうとしないことは、先に見た誤った方向での優越性の追求の要件とすべて同じである。

1. 他者を支配すること
2. 他者に依存すること
3. 人生の課題を解決しようとしないこと

甘やかされた子ども

このうち、甘やかされた子どもについて特に考えてみたい。というのも、今日の社会においては、愛情不足が子どもの問題行動の原因だというようなことがいわれるけれども、実際には、親の側でいえば愛情過多、子どもの側でいえば愛情飢餓のもたらす問題の方がはるかに大きいからである。

親は子どもを愛しすぎ、子どもは十分愛されているのに、それでもなお愛されたいと思っているのである。

アドラーがフロイトと対立するようになった時のテーマの一つは、先にも見たように、エディプス・コンプレックスをめぐってであったが、アドラーはこのコンプレックスは普遍的な事実ではなく、甘やかされた（そして神経症的な、という言葉をアドラーは続ける）人の特別な事例でしかないという（*What Life Could Mean to You*）。このコンプレックスの犠牲者は、母親に甘やかされ、他者に関心を持たないようにさせられ、自分が望むことは何でも叶うと信じるようになった。

このような甘やかされた子どもは、どのように神経症的なライフスタイルを形成するのだろうか。アドラーは、甘やかされた子どもについて次のようにいっている。

「母親があまりに度を越して子どもを甘やかし、態度、思考、行為、さらには言葉において協力することを子どもにとって余分なものにすれば、子どもはすぐに『パラサイト』（搾取者）になり、あらゆることを他の人から期待するようになる。常に注目の中心に立ちたいとせがみ、他のすべての人を自分に仕えさせようと努めるだろう。自己中心的な傾向を示し、他者を抑圧し、常に他者に甘やかされ、与えることではなく取ることを自分の権利と見なすだろう。このような訓練を一、二年も続ければ、共同体感覚と協力する傾向の発達を終わらせるのに十分である。

このような子どもたちは、ある時は他者に依存し、ある時は他者を抑圧したいと願うが、共同体感覚と協力を要求する世界からの克服できない反対にすぐにぶつかることになる。甘やかされた子どもたちは、幻想を奪われると他者を責め、常に人生において敵対的な原則だけを見出す。彼らの問いは悲観的なものである。『人生は何か意味を持っているのだろうか』『なぜ私は私の隣人を愛さなければならないのか』と彼〔女〕らはたずねる。たとえ積極的な共同体理念の合法的要求に従うとしても、拒絶されたり、罰せられることを怖れるからにすぎない。交友、仕事、愛の課題に直面した時、共同体感覚の道を見出すことができず、ショックを受け、身体と心にその影響を感じる。敗北したと意識する前か後に退却する。しかし、いつも悪いことが起こったという意味の、なじみの子どもじみた態度に固執する」（『生きる意味を求めて』）

多くの親は、子どもを甘やかすことしかできないのだが、幸い、このような扱いに激しく抵抗する子どもたちが多いので、予想されるほど多くの害がなされるわけではない、とアドラーはいう。そのとおりであればいいのだが、今は親に甘やかされた子ども、パラサイトである子どもは、アドラーの生きた時代より多いのではないだろうか。

「神経症者の間には、かなりの比率で受動的な子ども時代の誤りを、犯罪者の間には、積極的な失敗を見出しても驚くにあたらない。後になって不適応が現れたのに、教育が困難であることがなかったとしたら、観察に誤りがあった、と考えたい……医学心理学の領域に属する子ども時代の失敗は、虐待の事例は別として、そのほとんどすべてが甘やかされた、依存的な子どもに見ることができる」（同書）

また別の箇所では、子どもの問題行動、神経症、精神病、自殺、非行、薬物依存、性倒錯など、これらはいずれも共同体感覚の欠如によるものであり、「ほとんどいつも子ども時代の甘やかしや甘やかされることと安楽であることを極度に望むことに溯ることができる」（同書）といっている。

神経症も犯罪も、根底は子どもを甘やかすことに関係がある、というのがアドラーの考えである。子どもたちが神経症になったり、犯罪者になったりすることを防ぐためには、甘やかしについて考察することが必要である。

アドラーは、親に甘やかされた子どもは parasitär（英語だと parasitic）になるという表現を使っている。子どもをパラサイト（Parasit, parasite）にするわけである。すぐに言葉を発することができない子どもについて、「この子は言葉の発達が遅いのですよ」という母親は、子どもの通訳を務める。通訳がいれば、子どもは自分では何も話さなくてもいい。自分で言葉を発しなくても、親が代わりに話してくれるのである。

子どもが話し終わる前に親が口を挟んだり、自分で答えることを許されないということもある（『子どもの教育』）。親のエプロンの後ろにいつも隠れ、エプロンの紐やスカートの裾を引っ張っている。親の後ろに隠れている限り世界は安全である。

母親は、子どもがこの世で一番最初に出会う「仲間」である。しかし、母親は子どもに自分だけが子どもにとっての仲間であると思わせてはいけない、とアドラーはいう。母親以外にも仲間がいるのであり、子どもが自分に向ける関心を母親だけではなく、他者にも向けるよう援助しなければならない。

ところが、子どもを甘やかす母親は、子どもが自分以外の者に関心を向けることを許さない。子どもと母親が、いわば結束し共同して、世界に対峙《たいじ》する。しかもその際、親は子どもをパラサイトにしてしまうのである。

子ども＝母親⟷世界（他者）

たしかに、母親は子どもにとって仲間であるかもしれないが、子どもと母親がこんなふうに結束することで、子どもは世界を敵に回し、本来持つべき世界（他者）への関心を持つことができず、その関心は母親にだけ向けられることになってしまう。

その上、母親が子どもに尽くすので、子どもは自立することができず、自分の課題を自分の力でなしとげるということも知らない。その結果、取る（get, take）ことは知っていても、与える（give）ことを学ばず、協力することも、その必要性も知らない。先の引用で使われている「搾取者」（『生きる意味を求めて』）は、他者の貢献を「搾取」するという意味である。

自立への抵抗

赤ん坊は、生きていくためには親を使って食べ物を口に運ばせなければならない。また言葉を話せないので、泣くことでまわりの大人を自分のために仕えさせなければならない。さもなければ、生きていくことができないからである。アドラーは「赤ん坊は人を支配するが支配されることはないので一番強い」といっている（『個人心理学講義』）。

しかし、こんなふうに親やまわりの大人を支配する必要がなくなる日がやってくる。子どもは、赤ん坊のように人を支配することをやめなければ大人になれない。それなのに、精神的にずっと赤ん坊のままでいて大人になることを拒み、いつまでも子ども時代にしがみつこうとする人がある。幼い子どもの時は、自分では何もしなくても、まわりの人から必要なものが与えられるのであるから、この安楽な環境から出て行きたくないのである。こんな状況にいつまでもいられるわけもないのに、赤ん坊のような言葉で話してみたり、自分より幼い子どもとしか遊ぼうとしなかったりする。

そこで、親が子どもを甘やかす一方で、子どもの方も、甘やかされることにいつまでもしがみつく。子どもがおねしょをし、夜泣きをするのは、自立と協力が求められていると知った時に、子どもたちが抵抗するためである。

「おねしょは大抵最初は甘やかされ、後になって『王座を奪われた』子どもに見られる症状だからである。夜にさえ母親の注目を得ようと努力しようとしたことをはっきり示している。この場合、一人で放っておかれることに我慢することができなかったことを示している」（『子どもの教育』）

甘やかされた子どもは、次のような症状を呈する。おねしょ、摂食障害、夜驚《やきょう》症、絶え間なく咳《せき》をすること、便秘、吃音《きつおん》などである。

「これらの症状は、自立や協力させようとする大人への抗議として現わされ、他者から無理矢理援助を手に入れる」（『生きる意味を求めて』）

このような症状は、親の注目を得るためのものである。注目されなければならない、注目の中心にいなければならないと考えることが、そもそも健康的ではない。世界は自分をめぐって回っているのではないからである。

注目を得ようとすることが健康的でないことのもう一つの理由は、「自立しないために」注目を得ようとしているということがある。

自立したくない子どもがいる。それなのに、親が子どもに自立することを期待するような状況がある。とりわけ、下に妹や弟が生まれた時、姉や兄はいわれる。「今日からあなたはお姉さん（お兄さん）よ、だから自分でできることは自分でしてね」というふうにである。このように、それまでは親に依存していることを許されていた子どもがもはやそうすることを許されず、自立することが期待されていると知った時、子どもは自立させられることに抵抗するわけである。

先にあげた症状には目的がある。おねしょを例に取ると、注目を引いたり、他の人を支配することが目的である。しかも、昼だけではなく夜も親の注目を引き、そうすることで、他の人を支配しようとする。ただし、昼はぬらさないというように、身体をコントロールすることは可能である。夜、親が疲れ寝ている時におねしょをすれば、そうすることによってより効果的に親を困らせることができ、親の注目を引くことができることを子どもは知っているのである。

おねしょをする子どもについて顕著に見られるのは、暗闇を恐れるということである。アドラーは、恐れの原因を見つけ出すことには拘泥《こうでい》しない。むしろ、恐れの目的を探す。甘やかされた子どもは皆、暗闇を恐れることによって親の注目を引くのである。

子どもたちは、暗闇を恐れているのではない。ある夜、暗いところにいる子どもがいつものように泣いた。母親は、その声を聞きつけてたずねた。「なぜ怖いの？」「とっても暗いから」。母親は子どもの行動の目的を悟った。「お母さんがきたのだから、少しは暗くはなくなった？」

「暗闇そのものは重要ではない。子どもが暗闇を恐れたということは、母親から離されて一人になることを嫌ったということを意味するにすぎない」（*What Life Could Mean to You*）

子どもは、おねしょをすることで、口の代わりに膀胱《ぼうこう》で語っているのである。このように心臓、胃、排泄器官、生殖器官などの機能障害は、人が自分の目標を達成するために取っている方向を示している。アドラーは、このような機能障害を「臓器言語」（organ dialect, organ jargon）と呼んでいる（『人はなぜ神経症になるのか』）。

ところが、子どもは、このようにして自立することに抵抗するけれども、いつまでも親に甘やかされているわけにはいかない。親に何でもしてもらうことを習わしにしていた子どもは、長じるにつれて、自分がもはや注目の中心でいられなくなったことを知る。注目の中心でいることは生得の権利であると思っていたのに、注目の中心に立てなくなると、たちまち途方に暮れてしまう。そもそも、絶え間なく注目の中心に立とうとすることが間違いであり、不可能なことである。それでも、なお注目の中心に立たないと気がすまず闘う子どももいる。協力を求められた時、公然と反抗し闘い、復讐を企てることもある。

甘やかされた子どもは、もはや自分が注目の中心にいられないことを知った時、母親に欺かれたと思う。母親に守られた馴染みの世界から一歩外に出ると、甘やかされた子どもにとって、そこは「敵国」である。子どもたちがこのように感じるのは、とりわけ保育所や学校というような新しい状況の中に入る時である。それまでぬくぬくとした環境の中で育てられた甘やかされた子どもたちにとって、外の風はひどく冷たく感じられる。

ライフスタイルは、通常の状態ではわかりにくい。困難な状況において、あるいは状況が変わった時にはっきりとわかる。例えば、子どもが学校に入った時、その子どもが家庭にいる時にははっきりとは見えなかったかもしれないライフスタイルが、ベテランの教師にははっきりと見えるものである。アドラーは、注意深い優れた教師は子どもが入学した最初の日に子どものライフスタイルを見て取ることができる、といっている（『子どもの教育』）。

おそらくこの世界は薔薇《ばら》色だ、と親に教えられてきたのだろう（同書）。この世界を悲観的な言葉で描写するのも間違っているが、世界を美化するのも問題である。甘やかされた子どもの世界像は、現実と直面した時に極度に悪いものになってしまう。

かくて、自立を拒む甘やかされた子どもは、一転して「憎まれた子ども」になる。憎まれた子どもという言葉をアドラーが使う時、実際に親から憎まれる子どもを意味することもあるが、王座から転落した第一子のように、子どもの側が親から憎まれている、愛されていない、と思い込んでいる子どもをも指している。

しかし、このような状況にあっても、失われた王座の奪還を企てるであろうし、いわば自分の生得の権利だと思い込んだ他者からの愛を、それに値するだけのことをすることなしに求めようとするだろう。長じてからも、このことは変わらず続く。

大人になっても

このような子どもたちは、長じても、他者が自分に何をしてくれるかということばかりに関心を持つ。自分の期待を満たしてくれる人がいればいいが、他者は必ずしも自分の期待を満たしてはくれないという当然の事実に気づいた時、反発し、公然と反抗し攻撃的になる。そのようにしてでも、他者から愛を得ようとする。あるいはまわりの人がこの人を援助しないといけないと思わせるのが巧みな人もいる。このような人たちは、世界と関係する他の方法を知らないのである。

しかし、残念ながら、自分から何もしようとしない人を世界は受け入れない。すると、そのことが、新たに自分がひどい目に遭わされたということの証拠だと考える。

きょうだいの誕生とは関係はなくても、甘やかされた子どもは、皆、憎まれた子どもになる。アドラーはいう。「私たちの文明では、甘やかされた子どもは好ましくは思われず、社会も家族も、甘やかされるというプロセスを無限に続けることを望まない」（『個人心理学講義』）。「一人の人間が、何ら貢献することなく、常に注目の中心でいることは適切なことではない、と考えられているからである」（同書）

貢献するということの意味については、後に詳しく見るが、今と違った世界との関わり方を甘やかされて育った人は知らないのである。

本当に憎まれた子ども、無視された子どもはいない。そのような子どもは、そもそも生きていくことはできないからである。しかし、先に見てきたような経験から、世界について誤った見方を持つようになることはある。

アドラーが、しきりに甘やかされた子どもの問題を扱う時、根底に、先にも見たフロイトへの批判がある。フロイトはいう。

「われわれに負わされている人生はわれわれにとってあまりに辛く、あまりに多くの苦しみと、失望、解きがたい課題をもたらす。そのような人生に耐えるためには、鎮痛剤なしですますことはできない」（Freud, *Das Unbehagen in der Kultur*）

フロイトは、その鎮痛剤として次の三種類のものをあげる。強力な気晴らし、代償的満足、そして麻薬である。

人生はなぜ苦しいのか。苦難の原因は三つある。やがて衰え死んでいく運命にある自分の身体。圧倒的で無慈悲、破壊的な力で人間を襲う外界。そして他者との関係。この他者との関係から生まれる苦難は、他の二つによってもたらされる苦難よりも辛いものである、という。

そこで、この苦難から身を守るもっとも自然な方法は、「進んで孤独になり、他者から遠ざかること」である（同書）。

人生を苦と見るのは釈尊の教えでもあるが、甘やかされた子どもや、甘やかされた子どものまま大人になった人が、人生を苦と見なければならないのは、そういうふうに思えば対人関係から遠ざかることを正当化できるからである。本当に孤独であれば、人は生きていけないので、自分に仕える人がまわりにいることが望ましい。そのような人は、他者は自分に何をしてくれるだろうかというふうにしか他者を見ることはできない。

人生は苦しく、その苦をもっとももたらすのは、他者との関係であるという、このフロイトの考えは、ある意味で、現代人に受け入れられるかもしれない。たしかに、他者との関係は容易ではなく、アドラーも先に見たように「人間の悩みはすべて対人関係の悩み」であり（『個人心理学講義』）、「究極的には、われわれの人生において対人関係以外の問題はないように見える」（*What Life Could Mean to You*）といっている。しかしアドラーは、だからといって他者との関係を回避することを勧めない。他者は敵ではなく仲間であり、そのような仲間に結びつき、仲間から支えられ、後に見るように、仲間は自分の存在根拠であると見なす。対人関係から離れることで、人生の苦を斥けようとするフロイトとは、何と違うことか。

その上、人生において最大の困難に遭い、他者にもっとも大きな害を与えるのは、仲間に関心を持っていない人である、とアドラーは考えている。人間のあらゆる失敗が生じるのは、このような人の中からである。

神経症の論理

このような甘やかされた子どもが、器官劣等性のある子ども、憎まれた子どもと同様、神経症的なライフスタイルを持ち、実際、神経症になることがある。

神経症のことで相談を受けた時、私がたずねるのは、「この症状が出るようになってからできなくなったことはありますか」、あるいは「この症状が治ったら何をしたいですか」ということである。

どちらの問いも、ねらいは同じである。赤面症の女性は、「赤面症が治ったら何がしたいですか」と問われて、「男の人とおつきあいしたい」と答えた。この答えから、この人にとって、男性との交際が課題であり、その課題を解決できないと考えているのがわかる。

この人の論理は、赤面症があるので男の人とつきあうことができないというものである。緊張するし上手に話せない。赤面症が、男の人とつきあうことができないことの原因であるというわけである。

しかし、少し考えればわかるが、赤面症は男の人とのつきあいにとって、致命的な妨げになるとは思えない。初対面の時にものおじしないで、しっかりと論理的に応答する女性よりも、恥ずかしそうにはにかむような女性に惹かれる男性もいるかもしれないからである。

では、なぜこの女性は赤面症になったのか。「なぜ」という問いによって、原因ではなくて目的を知りたいのである。おそらくは対人関係が上手ではないということが、根本にあると思われる。身近に（例えば姉や妹）対人関係の上手な人がいて、友人（しかも異性の友人）がたくさんいる人がいる。そのような人にはとても勝てないと思った時、競争から降りたいと思う。しかし、ただ競争から降りるわけにはいかない。誰も競争に負けたくはない。そこで面目を保持するために、この女性の場合、赤面症が必要だった。赤面症だから、男の人とおつきあいができない、もしもこの症状がなければ、私だって男の人とおつきあいができるのに……こんなふうに考えるわけである。これなら、自分でも納得できるだろう。

しかし、本当のところは、男性とつきあえないことは、症状とは関係がない。コミュニケーションのトレーニングをしさえすれば、人と関わっていくことはそんなに難しいことではない。もちろん、男性との交際についていえば、いつも自分が望むような結果を得られるわけではない。しかしだからといって、初めから男性とつきあうことを断念することはない。

課題の達成が困難な時に、そこから逃げ出そうとするライフスタイルを、アドラーは「すべてか無か」という言葉で説明する（『子どもの教育』『人はなぜ神経症になるのか』）。

このことは、神経症に限らない。勉強しようとしない子どもにあなたはやればできるのに、といえば、子どもは決して勉強しようとはしないだろう。やればできるという可能性を残しておきたいからである。

ショックについて

アドラーは神経症について次のように書いている。

「誰かが非難を集中的に浴びればショックを受けるが、これが持続するのは、人生の課題に準備できていない時である。そのような人は〔課題を前にして〕立ち止まってしまう。このように立ち止まることを私は次のように説明した。あらゆる問題の解決に向けて正しく準備されておらず、子どもの頃から協力するということがなかったのである。

しかしさらに次のようにいわなければならない。神経症においては、われわれが見てきたのは、苦しみであって、快適なものではないということである。もしも私が誰かに解決する準備ができていない課題に直面することから帰結するような頭痛を〔そのような状況とは関係なく〕引き起こすようにといっても、そうすることはできないだろう。それゆえ、神経症者は苦しみを生み出すとか、病気になりたいのだとするあらゆる説明を即座に斥けなければならない。

たしかに苦しいのである。しかし、課題を解決する際に〔解決できなくて〕自分に価値がないと見えないように、大きな苦しみよりも今の苦しみを選ぶのである。神経症者は、あらゆる神経症の苦しみを我慢する。神経症の人もそうでない人も、自分に価値がないことが明らかにされることに頑強に抵抗するだろうが、神経症者の方がその程度がはなはだしいのである。

過敏であること、いらいらすること、強い情念、個人的な野心がどんなものかありありと思い浮かべれば、このような人は、自分に価値のないことが明らかになるという危険の中にあると信じている限りは、前へと進もうとはしないことが理解できるだろう。

それでは、このようにショックを受けることで、どんな精神状態が生じるだろうか。人が生み出したのではないし、望んだのでもない、しかし精神的なショックを受けた結果、敗北したと感じることの結果、あるいは、価値がないことがあらわにされるのではないかという恐れの結果、たしかにショック状態は存在するのである。〔しかし〕こうして生じたショックと闘おうとはしないし、ショックから自らを解放するにはどうしたらいいかわからない。ショックがなくなってほしいと望むだろう。よくなりたい、症状から解放されたい、といい続けるだろう。それゆえ、医師の診察も受ける。しかしもっと恐れているものがあることを知らない。価値がないことが明らかになることである。価値がないという暗い秘密が明らかになるかもしれないのである」(『生きる意味を求めて』)

非難を受けショックを受けることがあっても、それが持続するかどうかは、人によって違う。人間は刺激を受けた時、一律に同じ経験をするわけではなく、自分の目的に適う仕方で経験について意味づけをするからである。

私の息子が小学生の時、たまたまテレビで同じ年くらいの男の子がプールの排水口に足を取られて溺れそうになる場面を見てしまった。話としては、子どもは無事救助されたというものだったが、リアルに再現された事故の映像、ことに子どもが悶《もだ》え苦しむ様子を見て、息子はしばらく風呂に入らなくなった。

息子はすぐにこんなテレビのことなど忘れてしまったが、直面する課題を解決することが困難だと思った人は、ショックを受けた出来事をきっかけにして、その課題を回避しようという動きに出ることがある。

他者に関心がなく自分のことしか考えない子どもは、外の世界は怖いということを聞き知れば、そのことを何かをしないことの絶好の口実にする。「学校や外の社会に出て行かない、だって外は怖い、でも家なら親が守ってくれる、自分はこの家庭で何もしなくても、注目の中心でいられる」……子どもたちにこんなふうには思ってほしくないのである。

しかし無論、仮に子どもが学校に行かないといい出したとしても、そのことはテレビを見てショックを受けたことには、何らの因果関係もないはずである。

ショックが、何によって引き起こされたとしても同じである。子どもに限らず、死を恐れる人は多いが、その死の恐れを口実にして直面する人生の課題から逃避しようとする人がいるのである。

「死と初めて接することは、それが突然やってきた場合は、子どもは大きなショックを感じ、子どもの全生涯にわたって影響を及ぼすことがある」とアドラーはいう（『子どもの教育』）。死に対して準備がされていない子どもが、突然、死と直面すると、初めて人生には終わりがあることを知ることになる。このことで子どもは勇気をくじかれるかもしれないが、他方、アドラー自身がそうであったように、医師の中には死と出会ったためにこの職業を選んだ人もある。

家庭状況や、病気、死の記憶などについてアドラーは次のようにいう。

「子ども時代の経験は、子どもの心に刻まれた生きた碑文のようなものである。子どもは容易に忘

れることはできない」（同書）
しかし協力の訓練を受けていれば、その影響を消し去ることができる、という。
「このような困難、さらには災難さえ、もしも子どもが協力の訓練を適切に受けていれば、回避することができる」（同書）

神経症の苦しみよりも

ここでのもう一つの論点は、神経症者はその苦しみを望んでいるわけではないということである。しかし、「課題を解決する際に〔解決できなくて〕自分に価値がないと見えることがないように、大きな苦しみよりも今の苦しみを選ぶのである」。「敗北したと感じること」、あるいはその結果、自分に「価値がないことがあらわにされること」を恐れるがゆえに、今の苦しみの方を選択するわけである（『生きる意味を求めて』）。

こうなると、神経症は望んだものではないにしても、必要なものとして選んだものであるから、ただ症状があるだけでは十分ではない。神経症がただ苦しいだけでなく、その症状を維持することが自己破滅的であることを本当に知るのでなければ、神経症がやむことはないだろう。先にも見たように、「神経症の患者を理解するもっとも優れた方法は、神経症の症状については一切脇において、その患者のライフスタイルと優越性の目標を調べることである」（『人はなぜ神経症になるのか』）。

神経症そのものに注目するのではなく、これまで見てきたライフスタイルと優越性の目標を見るわけである。アドラーは偏頭痛の人を引き合いに出して説明する（*What Life Could Mean to You*）。

まさに、その症状が必要な時に頭が痛むのである。面識のなかった人と初めて会わなければならなかったり、重大な決断をしないといけないような時である。このように人生の課題を回避しようとする、あるいは家族をこの症状で支配しようとするのが目的である。頭痛がなくなっても、不眠になったり、別の新しい症状が起きる。「目的が同じ限り、それを追求し続けなければならないだろう」（同書）。ある神経症者は、症状を驚くべき素早さで落とし、一瞬の躊躇《ちゅうちょ》もなしに、新しい症状を身につける。

よい意図だけでは十分ではない

アドラーはさらに、神経症について次のようにいっている。

「神経症者は皆、最良の意図を持っている、と称する。共同体感覚が必要であることも、人生の課題に直面しなければならないことも納得している。しかし、自分だけはこの普遍的な要求の例外だというのである。このための口実が神経症である。神経症者の態度全体がいっている。『私は私の問題をすべて解決したくてたまらない。でも不幸なことにそうすることを妨げられている』」（同書）

「神経質な人は、よい意図を持っていることを示しさえすればいい、と感じている。しかし、よい意図を持っているだけでは十分ではない。私たちは、社会において大切なことは、実際になしとげていること、実際に与えていることであるということを教えなければならない」（『個人心理学講義』）

可能性の中であれば、どんなことでもいえる。「もしも……ならば」は神経症のドラマの主題である、とアドラーがいっていることについては先に見た。また「はい……でも」といって、結局、課題に取り組もうとしない。神経症者は、「共同体感覚が必要であることも、人生の課題に直面しなければならないことも納得している」。だからこそ「はい」といえるのだが、その後に、それができないことを自他共に納得させるために、百万言を費やして弁解する。自分の課題を解決することを「妨げられている」というが、実のところ、自分が「妨げて」いることに気づいていない。「もしも……ならば」と神経症者はいう。しかし「もしも」と実現を仮定している出来事が、そもそも起こらないかもしれないのである。そのように仮定することで、人生を先送りしているのである。この神経症の論理は、「今ここ」に人が生きることを阻止する。今ここでしか幸福になれないというのに。この点に関しては、第九章で考えたい。

世界像と自己中心性

アドラーは、広場恐怖症について、この症状は危険に満ちている外へ出かけないために創り出される、という。世界は危険に満ち、人は敵なのだから外に出てはいけない（*What Life Could Mean to You*）、と考えるわけである。これは子ども時代の再現である。即ち子どもと、その子どもを守る唯一の仲間である母親が、世界に向き合うのである。その際、その世界は危険なものであるから、自分が保護される環境からは外に出て行こうとはしない。

症状のもう一つの目的は、自分を守ってくれる人を仕えさせることである。アドラーが例として引くある甘やかされた女性は、注目の中心に立ちたいと願っていたので、子どもを産んでもそのことをあまり嬉しいこととは思わなかった。自分ではなく、子どもが注目されることになる、と恐れたからである。

折しも、産後回復したばかりの妻を残し、夫は休暇を取ってパリまで出かけた。そこで夫は、たくさんの人に会って、すばらしい時を過ごしているという手紙を妻に送った。夫の愛を失うのではないか、自分が忘れられたのではないかと恐れた妻は、やさしい夫に愛されていると固く信じていた頃のようには、もはや幸せでなくなったと思い、ひどく落ち込んで広場恐怖症になった。一人では外出ができなくなり、夫はいつも彼女に付き添わなければならなくなった（『個人心理学講義』）。

この場合、妻はこの症状によって、夫の注目を得ることに成功し、家にいる限りは不安感は消えた。家の中では自分に仕える夫がいたからである。

アドラーは、さらにこの症状について次のように説明する。

「取り除かなければならない最後の障害は、彼〔女〕のことを気にかけない人、例えば、通りを行く人と交わる恐れを取り除くことだった。この恐れは、自分が注目の中心でないあらゆる状況を排除するという広場恐怖症の疑い深い恐れによって生み出されるのである」（『人はなぜ神経症になるのか』）

外の世界が危険だからという理由で外に出ていこうとしないのではなく、外に出れば誰も自分のことに注目してくれないという事実に直面することを回避したいわけである。

未来に向けた原因論

悪いことが起こると決まっているわけではないのに、未来に起こることは必ず悪いことだと思っている人がいる。例えば、死がどんなものであるかは、実際のところは誰も知らない。それなのに、死について悪いことであると考えるのは、起こることはこれから先のことではあるけれども、悪いことが起こった方が、どんな意味合いでかは措《お》くとしても、メリットがあるからなのである。過去において起こったことが、今のあり方の原因であると考えることには目的があると考えたのと同じように、未来に起こることが、今の、そしてこれからのあり方の原因となると、今の時点で決めてしまうわけである。

私はこのような考えを「未来に向けた原因論」と呼んでいる。いつも、自分は決して幸せではなく、失望するだろうと考えている子どもたちがいる、とアドラーはいう。

「このような子どもたちは、愛情の点で居場所を失ってしまい、他の人が自分より愛されるのではないか、と感じるか、あるいは、幼い時期に困難な体験をしたので、悲劇が再び起こるのではないか、と迷信とも思えるほど怖れる」（『個人心理学講義』）

このような恐れを持った人は、結婚生活において、嫉妬と疑いを持つであろうことは、想像に難くない。そして、そのように思っていると、相手の中に自分への愛情が少なくなったことの証拠を見出すのは、時間の問題である。どんな小さなことでも見落とすまい、といつも疑う。他の人が自分より愛されるのではないかという恐れは、甘やかされた子どもの特徴である。一度は親の愛情や注目を一身に受けたのに、後にそれが失われた経験が、今もそして未来まで、そのような人の生き方を規定してしまうのである。もちろん実際にそうなのではなく、今の例でいえば、過去においてだけではなく、未来においても起こるであろう愛情の喪失体験が原因となって不幸なのだと思いたいのである。そのように考えることで、自らが不幸であることを納得する、あるいは、たとえ今は幸福であっても、将来的にそれが失われた時に受けるであろうショックを軽減するという目的があるという意味で、目的論である。

再教育としてのカウンセリング

かくて、神経症者についていえば、症状を除去するだけでは十分ではない。神経症者は過去や未来のことを今の症状の原因として持ち出す。原因論によって症状を説明することが必要なのは、自分が人生の課題を解決できないことの口実にするという目的があるからである。その意味で原因論は目的論に包摂される。

神経症者が用いる論理は、既に見た事後論理である。事後論理によって、症状の原因を分析してみることは現状を説明できるように見えても、責任を他者や過去の出来事などに転嫁するだけであって、神経症からの脱却を援助することはできない。重要なことは、これまでどうだったかということではなく、これからどうするかだからである。

したがって治療の方向性としては、症状を除去するのではなく、ライフスタイルを改善することを考えなければならない。優越性の追求を共同体感覚を伴ったものにし、自己中心的な世界像を、他者への関心、社会的生活と有用な活動へと転じていくということである。アドラーは先にも見たように、いつも治療より予防が大切である、といっているが、神経症が起こる前にそれを予防するという意味での、あるいは子どもたちが犯罪者になることを予防するという意味での育児、教育が重要であることはいうまでもない。育児、教育が共同体感覚の育成である、といわれる所以である。アドラーが、事前論理としての理想を語ることができ、またカウンセリングに即していえば、予防が重要であるといえたのは、人間への限りない信頼感を持っていたからである。いい換えれば、アドラーは、人は変わりうるということを信じていたということである。

ところが、多くの心理学は決定論に立っている。神経症の症状や問題行動には原因があって、原因となる過去の出来事や外的な事象がそれらを引き起こすと考えれば、その原因を除去する以外には、治療の手だてはないことになるが、そのようなことは不可能である。過去に原因があるとすれば、過去に遡ることはできないからである。

しかし、目的は未来にある。未来は変えることができる。未来だけは変えることができる。アドラーは、神経症や問題行動は何かを原因として起こるのではなく、対人関係の中で誤った目的を設定することから必要となったと考える。甘やかされた子どもを初めとして、自分に価値を認めることができない多くの人が、適切ではない仕方で自分への注目を得ようとして、消極的なタイプの人であれば神経症になることを選び、積極的なタイプの人であれば問題行動をすることを選ぶわけである。

そこで、アドラーの提唱するカウンセリングは、原因論に立つ心理学とは根本的に異なったものにならざるをえない。アドラーは、治癒は知的な方法によってのみ、即ち患者が自分の誤りへの洞察を増すこと、共同体感覚を発達させることによってなしとげられる、といっているのである。自分が行っていることが、善ではない（自分のためにはならない）ということ、さらに、それまでとは違う人との関わり方があることを知ることが、カウンセリングの中心になる。すべてが外生要因によって決定されるわけではなく、人には自由意志があって、たとえ最初は無意識的に身につけたライフスタイルではあっても、それを意識化する再教育としてのカウンセリングを通して、その誤りを洞察し、さらに規範としての共同体感覚を学べば、元々持っていたライフスタイルから脱却することは必ず可能なのである。さらに具体的にどうすればいいのかは、次章において教育についてのアドラーの思想を見る時に明らかにしたい。

神経症からの脱却

ジッハーは、この世界は本当はシンプルなのだが、それに神経症的な意味づけをするがゆえに世界は複雑なものになる、といっている（Manaster et al. eds., *Alfred Adler: As We Remember Him*）。ライフスタイルを変えれば、神経症から脱却し、シンプルな世界に生きることができる。

神経症的なライフスタイルから脱却するには、それと共通した特徴を持つ誤った方向での優越性の追求の要件を逆転させればいい。優越性の追求の要件をいま一度書くならば、

1．他者を支配すること
2．他者に依存すること
3．人生の課題を解決しようとしないこと

であるから、正しい方向の、即ち共同体感覚を伴った優越性の追求は、次のようになる。

1．他者を支配しない

2. 他者に依存しない（自立する）
3. 人生の課題を解決する

共同体感覚を持たない人は、自分を世界から切り離し他者を敵と考える。当然、そのような敵である他者に貢献しようとはしない。

健康なライフスタイルは、神経症的ライフスタイルの反対を考えればいい。神経症的ライフスタイルの特徴は、先に見たように、

1. 私には能力がない、と思う
2. 人々は私の敵である、と思う

であるから、健康なライフスタイルは、次のようになる。

1. 私には能力がある、と思う
2. 人々は私の仲間である、と思う

甘やかされた子どもや、甘やかされた子どものライフスタイルで生きる人には、この世界は危険なところではないことを知ってほしい。また世界は決して自分を中心に回っているのではないが、世界の中には自分の居場所があることを知ってほしい。

それまで自分にとって親しいものとなったライフスタイルを変えることは、容易ではない。しかし、今がそして未来が、もはや立ち戻り、変えることができない過去によって規定されているのではないこと、したがって、それまでのライフスタイルに代えて、新しいライフスタイルによって生き直すことができると思える援助をすることを「勇気づけ」という。

「治療におけるどの段階においても、勇気づけの方向が保たれなければならない。この勇気づけは、誰でも何でもなしとげることができるという個人心理学の確信においてなされる」(『生きる意味を求めて』)

原因論の立場では、決して誰でも何でもなしとげることができるとはいえないであろう。アドラー心理学においては、治療、育児、教育は、すべて勇気づけに始まり勇気づけに終わるといっていい。どうすればいいのか、次に教育の観点から考えてみたい。

第七章　アドラーの教育論——人生の課題と勇気づけ

ウィーンの教育改革

第一次世界大戦でのオーストリア＝ハンガリー帝国の敗北は、オーストリアを荒廃させた。食料は逼迫《ひっぱく》し、伝染病が流行っても十分な医薬品を手に入れることもできなかった。大抵の人が経済的に破綻した。かつての強大な帝国の首都として光り輝いていたウィーンは、ほとんど一夜にして小国のどこにでもある都市と同じになってしまった。荒廃は経済的な面だけではなかった。道徳は堕落し、犯罪が増した。

こんな中、社会民主党がウィーンの実権を握った。一九一九年五月の選挙で勝利を収めたのである。以後、労働者のためのアパートの建設、無料診療所の設置、学校や社会的な施設を充実させるなど、約十二年間にわたって「赤いウィーン」と呼ばれる革新的な市政が行われた。

とりわけ、社会民主党が力を入れたのは教育改革だった。短い期間ではあったが文部大臣を務めたことのあるオットー・グレッケルは、ウィーンが半ば自治国家になると市の教育部門を担当し、社会民主党は一連の教育改革を法制化した。教科書などの無償配布、学生のための学校図書館及び教師のための図書館の設立、体罰の禁止などである。

グレッケルは、ウィーンの教育改革によって労働者階級の子どもたちが平等に教育を受けられることを目指し、実現のための主要な行政任務を与えられたカール・フルトミュラーと共に義務教育の改革を遂行した。フルトミュラーは、アドラーの長年の友人で、アドラーと共にフロイトのウィーン精神分析協会に入っていたが脱会した社会主義の教育者である。

この改革の一環として、アドラーは一九一九年から一九二〇年にかけてウィーンに児童相談所を設け、クラスのさまざまな生徒への対処について助言を求める教師の相談に応じることができるようになった。アドラーは教師が出すケースについて教師に質問をした後、概括し、さらに実際に当の子どもと親のカウンセリングを教師の前でして見せた。

やがて、このアドラーの無料のカウンセリング・セッションは広く親の関心を引くことになり、個人心理学に通じた精神科医、心理学者が率いる治療チームが、週に一度あるいは二度、学校の空いた教室で子どもと親の面接をするようになった。チームはウィーン市の教育委員会からは報酬を受けておらず、親子のいずれが先に面接を受けるかなど形式はいろいろだったが、親と子どもたちは無料で支援を受けることができた。

ウィーンの教育改革に取り組んだフルトミュラーは、子どもたちに強制をしないで教える方法を教師たちにトレーニングすることが必要である、と考えた。しかし保守的なウィーン大学の理事たちは、この取り組みに関わることを拒否し、オーストリアの若者は大学で授業のトレーニングを受けた教師を必要としない、と主張した。

そこで、ウィーン市はアドラーや同じ考えの改革者による教育への関与を斥けるべく独自の教育研究所をつくったが、アドラーを支持する教師たちがアドラーの知らない間にウィーンの教育委員会に移り、アドラーを雇用するようにはからった結果、一九二四年、この研究所に治療教育部門の教授として採用された。

アドラーの講義は、聴講者である教師から提出されたケースレポートにもとづき、それを少しずつ読み上げながら順々に推測し解釈をするという方法で行われた。アドラーが教育研究所で行ったこの講義には、一九二四年から一九二七年の間、六百人以上のウィーンの教師が参加した。休講したことは一度もなかった。こうして教育研究所は成功し、一九二七年までにはウィーン市は教育研究所を卒業した教師しか雇用しないことになる。

アドラーの教育研究所での講義は、既にアドラーが成人教育センターであるフォルクスハイム（国民集会所）で一九二〇年来行ってきた講義において確立された、専門用語を使わない温かいスタイルのものだった。

この専門用語を使わないということは、アドラーが創始した個人心理学そのものの特徴でもある。というのも、アドラーはかつてウィーン大学で教えることを強く願っていたにもかかわらず、その願いが叶わなかったので、ウィーン大学医学部のいわば知的エリート主義への反発が常にあったのではないかと思う。アカデミズムの外で生きることになったアドラーは、診療所を高級住宅街ではなく下町に構えた。そこに診察にくる人たちは皆貧しくて、時に治療費を取らないこともあった。そのようなアドラーにとって、フォルクスハイムでの開かれた講義は刺激的なものであり、持てる情熱と力を惜しみなく注いだ。

アメリカへ

個人心理学は、やがてオーストリアを越え、国際的に認められるようになり、アドラーはヨーロッパ諸国、後にはアメリカで講演や講義をするためにアメリカで過ごすことが多くなった。一九二七年にはニューヨークのニュースクール（新社会学校）で講義をし、一九三二年からはロングアイランド医科大学の教授になった。最初はウィーンに年に二カ月だけ滞在し、それ以外の期間はアメリカで活動していたが、ヒトラーのナチ党が政権を握ったことを契機にして、オーストリアにとどまることを断念し、アメリカに永住する決意をした。一九三四年のことであった。

初めてニューヨークへ行ったのは一九二六年、五十六歳の時だった。ロンドンで旅立つ晩に見たアドラーの夢は、次のようなものだった。

「予定通り船に乗っていたが、突然転覆し、沈んでしまった。船にはアドラーの身の回りのものがすべて乗っていた。それがどれも激しい波で破壊された」（ホフマン『アドラーの生涯』）

アドラーは、アメリカでは英語で話さなければならなかった。英語を習得するためにアドラーが払った努力は並々ならぬものだった。ウィーンでは巧みな弁論家として鳴らしていたアドラーが、ドイツ語では話せないのである。ぎこちなく、ひどくなまりのある英語で話すことを思うと、気持ちが沈んだかもしれない。しかし、アドラーが英語でスピーチをしている残された映像を見る限りでは、彼の英語は力がみなぎり、強いウィーンなまりはあるものの流暢《りゅうちょう》とすらいえる。

ホフマンは、アドラーが初めてアメリカに旅立つ前の晩に「めずらしい自信喪失と不安の発作を経験していた」と書いているが（同書）、アドラーの夢には続きがある。「海の中に投げ落とされたが、波立ち騒ぐ海を死に物狂いで泳ぎ、意志と決断力によって、とうとう陸地に無事に到着した」（同書）

この夜、アドラーが見た夢は、新天地アメリカでの新しい人生に向かう姿勢を示している。アドラーは、講演で英語を使える自信がつくまで、毎日英語のレッスンに通った。車を運転するようになったのは、六十歳になってからのことだった。英語を身につけることも、車の運転を習得することも容易なことではなかったであろうが、アドラーは「英語が完全でないからといって、英語で講演するというこの課題を避けるとしたら、人生の課題を避けるために神経症者が使う口実のひとつになったであろう」と考えた（Furtmüller,“Alfred Adler: A Biographical Essay”）。困難に直面するアドラーのこのような勇気が、夢の中では死の物狂いで泳ぎ、陸地にたどり着くところに表現されているといえる。このような夢を見ることで不安を見事に克服した。

アドラーの神経症についての理論は独創的であるが、ただ理論として提唱しただけではなく、既に見たように、アドラー自身が自分の説いたことを実践したということは、ここでも強調しておきたい。神経症者は課題を前にしてさまざまな口実を作りあげ、それからの逃避を試みる。アドラーはそのようなことをしなかった。

アドラーが老齢になって英語を習得したというエピソードは、他者をどう見るかというアドラーの基本的な考え方も示している。アドラーはアメリカの人々が、英語が不完全であるという理由で、自分の講演を聴かないということはないとの信頼感を持っていた。たしかに、英語を理由にアドラーを嘲笑したり批判したりする人はあるかもしれない。しかし、そのような人は、どんな理由を持ち出してでも批判するであろうから、英語が理由ではないのである。

アメリカでのアドラーの講演は前代未聞の好評を博した。アメリカを嫌い、知的で超然としたフロイトとは違って、アドラーは誰に対しても自説を熱心に説くことを楽しんだ。

一九二七年にアメリカで英訳されて出版された『人間知の心理学』はベストセラーになった。英語圏において最初に評判を得たアドラーの本である。活動の拠点をウィーンからアメリカに移したアドラーが、一九二八年の冬、ニューヨークに到着する頃には、前年の秋に出版されたこの英訳本は、早くも二刷に入り、ついにはミリオンセラーになった。

しかし、今日の視点からすると、決してハウツー本ではない同書が好評を博したのは、「正確にアメリカの傾向を読んだ」（ホフマン『アドラーの生涯』）出版社の巧みで積極的なマーケティングの力にだけよるものとは考えられない。まず読者は、専門用語がほとんど使われていないことにすぐに気がついたであろう。これは先に見たように、本書がウィーンのフォルクスハイムにおける講義をもとにしたものだからである。しかし、平易な書き方がされていたからだけではなく、何よりも本書に語られている思想内容そのものが受け入れられたのでなければ、アメリカでの成功は考えられない。多くの書評家は、この本の独創性と明晰性《めいせき》に感銘を受けた。人間の本性についての知識は専門家に独占されるものではなく、生きることについての明確な指針が共同体感覚、勇気づけ、楽観主義の原理にもとづき、誰にも理解できるように解き明かされていることが注目を引いた。その後もアドラーはアメリカで次々に著書を刊行していった。

こうして新天地アメリカでアドラーの思想はさらに開花していくことになった。アドラーはアメリカでこのような光景を目にした。

「子どもたちが、手を膝の上で組んで、静かにすわっていなければならず、動くことを許されないような学校はもはやない」(『個人心理学講義』)

ここでの教育は、アドラーのウィーンでの旧弊な教育経験とはあまりに対照的だった。後に見るアドラーの教育論を理解するために、アドラー自身が受けた教育がどのようなものであったか見ておきたい。

アドラーが受けた教育

当時のウィーンでは、医師になるためにはまず六歳から十歳まで国民学校に通い、その後、八年間ギムナジウムで学んでから、大学の医学部に進まなければならなかった。アドラーは一八七九年にシュペァルオイム・ギムナジウムに入学した。十四年前に、フロイトもまたこの学校に通っていた。入学するためには十歳になっていなければならなかったが、両親は年齢を一歳偽って息子を入学させた。

しかし成績は振るわず、最初の年に落第した。特に数学が難しいと思った。両親が強くプレッシャーをかけたこと、競争意識の強い級友よりも一歳年下であったこともあり、アドラーはこの学校に適応することは難しい、と思った。父レオポルトは、成績が振るわないアドラーに、ギムナジウムをやめさせ、靴作り職人の徒弟にならせると怒って脅かした。この脅しがよほど怖かったのか、その後、一生懸命勉強すると、たちまち成績は上がり、苦手だった数学も克服した。

ある時、教師が一見解けそうにない問題に立ち往生したことがあった。その時、アドラーだけが答えがわかった。この出来事によって、アドラーの数学への心構えはすっかり変わってしまったのである。その後は数学を楽しむようになり、あらゆる機会に数学の能力を伸ばす努力をした。

この時の経験があったからだろう、後にアドラーは才能や遺伝の影響を認めないということ、子どもは自分に課された限界を取り除くことができるということを、自分のことを引き合いに説明している（*What Life Could Mean to You*）。

課題を達成するためには当然努力が必要であるが、とうてい達成できないようなことでなければ最終的にはできるのである。アドラーはローマの詩人であるウェルギリウスの言葉を引いて「できると思うがゆえにできる」といっている（『子どもの教育』）。これは精神主義ではない。アドラーは、できないという思い込みが、生涯にわたる固定観念になってしまうことに警鐘を鳴らしているのである。この思い込みを解除しなければならない。アドラーの「誰でも何でもなしとげることができる」という言葉は、このような文脈の中で理解されなければならない（『個人心理学講義』）。

教育における一番の問題は、子どもが自分に限界があると思うことである。子どもが遺伝や才能を引き合いに出して、きちんと取り組めばできるはずのことまで回避しようとするのは問題である。実際、子どもも大人も関心のあることであれば、それについて知り理解しようと努力するのである。

父親が靴作り職人の徒弟にならせると脅かしたことが怖くて、勉強をしたところ、たちまち成績が上がった、と先に書いたのだが、この話は、このような強制による教育を批判する後のアドラーの教育論に照らすと、ありそうにない。しかしもしも事実なら、父親は反面教師になったことになる。

アドラーは、一八八一年にヘルナルス・ギムナジウムへ転校した。ここに十八歳までとどまり大学入学資格を得た。ここでの単調で厳格な教育も反面教師になったといえる。規格化されたカリキュラムの中で教師が一方的に教え、ギムナジウムの最終学年である十八歳の生徒までも子どもとして扱われた。

「卒業生の多くは芸術や科学における業績を学校教育のおかげというよりも、学校教育を受けたにもかかわらずなしとげることができた」（ホフマン『アドラーの生涯』）

後にアドラーは、知識を鵜呑《うの》みにさせる以上のことをしてこなかった学校を批判することになる（『性格の心理学』）。しかし、アドラーの古典の素養はギムナジウムで身につけたものであり、ただ否定的な評価ばかりしていいものかは疑問である。

大学に入ってからも、先にも見たように、患者への関心や治療よりも実験や診断の正確さを重視する医学部の長時間に及ぶ講義は、アドラーにとって退屈なものでしかなかった。それでも人類を救う最善の手段として医師になろうと思っていたアドラーは、カリキュラムが満足できないものであっても目標を達成しようと決心していたので、意欲を失わないために、近くのカフェで友人と談笑する姿がしばしば見られた。アドラーが人は対等である、と考え始めたのは、仲間との尽きることのない議論を行ったカフェにおいてであっただろう。

このようなアドラー自身のウィーンでの体験とは違って、アメリカでは子どもたちは、もはや教師をただ教師であるという理由だけで尊敬してはいなかった。これは教師の権威が失墜し、教育が堕落したからだろうか。アドラーは、そのようには考えなかった。アドラーは既に一九二〇年代にこのようにいっている。

「一緒に仲良く暮らしたいのであれば、互いを対等の人格として扱わなければならない」（『人はなぜ神経症になるのか』）

アドラーは、人と人とは対等の関係にあるということをアメリカに渡る前から考えていたのである。子どもたちを対等の関係において見て、尊敬し全幅の信頼で接するのであれば、力で子どもたちを押さえる必要はない。アドラーが子どもたちを罰したりはしなかったことを、子どものアレクサンドラもクルトも証言している（ホフマン『アドラーの生涯』）。

教育によって、世の中を変えることを考えたアドラーが目指したのは、人間は対等であるという見方を広めることだった。その後、今日に至るまで、この見方は教育や育児、治療の場面におけるアドラー心理学の基本的な考え方である。

以下、本章において、アドラーの教育についての考え方を、特に勇気づけに主眼を置いて見ていきたい。

誰の課題なのか

子どもたちは生きていくに当たって、人生のさまざまな課題に直面することを回避することはできない。勇気づけは、子どもが人生の課題を解決しうるという自信を持てるように援助することである。この人生の課題は対人関係に関わるのであるから、他者が敵であると思っている限り、関係がよくなることはない。他者は敵ではなく、仲間（Mitmenschen）であると思えるようになることが、人生の課題を解決できるという自信を持てるためには必要である。

最初にはっきりしておきたいことがある。子どもたちが課題を前にして、それにどのように取り組むかは、本来、子どもの課題であって、親の課題ではないということである。ある課題、例えば勉強をしなくても、そのことによって起こる結末は、子ども自身が引き受けなければならないのであり、またそのことによる責任も、子どもが引き受けるしかないのである。勉強することは、この意味で子どもの課題であって、親の課題ではない。およそあらゆる対人関係のトラブルは、人の課題にいわば土足で踏み込むこと、あるいは踏み込まれることから起こる。親子関係だけではなく、あらゆる対人関係についていえることである。勉強しなければならないのに勉強ができていないという時、その事実を親に指摘され、勉強しなさいといわれたら、親の言葉が正論なので、なおさら反発したくなる。

したがって、一番簡単なのは、子どもの課題であれば、親は何もしないということなのだが、親としては子どもが難儀していたり、手をこまねいていたりしていれば、何とか援助したいと思うであろうし、援助することが必要な場合はたしかにあるだろう。特に子どもが小さければ、大人からの援助が必要な場面はある。その親による援助が適切なものであれば、成功するかどうかは措くとしても、子どもは課題に取り組む気になるだろうが、子どもの課題を親が肩代わりすることはできないということは知っておきたい。勉強であれば、子どもの代わりに試験を受けることができるはずもなく、まして子どもの人生を親が代わりに生きることなどできるはずもない。子どもが、自分の課題を自力で解決できるという自信を持てるように援助することを、アドラーは「勇気づけ」と呼んでいる。必要があれば、子どもが援助を求めることは大切なことではあるが、基本的には、子どもが自分の課題に自力で取り組む援助をすることはできても、親にはそれ以上のことはできない。このことを知らずに、子どもを勇気づけるという大義名分のもと、子どもを操作、支配しようとする親は多い。

このことを最初に念頭に置いた上で、何ができるか、どんな援助ができるか、どうすることが勇気づけになるのか、子どもたちがどのように育つことを目標にするのかを具体的にイメージすることで明らかにしていきたい。

課題に取り組まない決心

アドラーは次のようにいっている。

「私は自分に価値があると思う時にだけ、勇気を持てる」(*Adler Speaks*)

子どもが人生の課題を回避しようとするとすれば、課題そのものが困難であるからというよりも、自分に価値があると思えないからである。いうまでもなく、子どもが直面することになる課題の中には困難なものもあり、時に解決できないことも実際あるだろう。しかし、誰にとっても直面するのが困難な課題があって、それらを解決できないと思っているというよりも、自分には価値がないから、課題に直面する勇気を持てないと思っているのである。

さらにいえば、子どもが自分には価値がないと思っているのは、そう思わなければならないわけがあるのである。実際には、明らかに実現が不可能なことでなければ、課題を達成するために努力することは当然必要であるが、達成できないわけではない。

次に、与えられた課題をしようとしないのは、それをまったく達成できないわけではないのに、自分が望むようには達成できないと思っているということがある。自分が望むようにというのは、例えば試験でいい成績を取りたいというようなことである。いい成績を取ること自体に必ずしも問題があるというわけではない。しかし、他者との競争に勝つために、あるいは勉強以外の面では勝てないと思っている子どもが、自分の劣等感を隠すためにいい成績を取ろうとするのであれば、望む結果を得られないことが明らかであると思う時、初めから試験を受けないでおこうと決めることがある。課題に取り組んで結果が明らかになってはいけない。やればできるという可能性を残し、それを決して現実化しないことの方が、たとえ課題に取り組まないことで非難を受けるとしても、はるかに望ましいと考えるのである。

以上のような時に、例えば「やる気が出ない」ということは、課題に取り組まないことのいわば免罪符になる。ある課題をただ「しない」ということは許されない、何か理由が必要だと思う。もちろん、「やる気が出ない」といってみても、そのような理由を他の人は認めないだろうが、少なくとも自分だけは納得できる。本人は課題を達成しないことを正当化しようと自分を欺いていることに気がつかないし、気づきたくもない。一度もいい成績を取ったことがない子どもは、このようにして課題から逃れようとするだろうが、ある時、思いがけずいい成績を取った子どもも、次の試験でも同じ成績を取れるという自信がなければ、課題に取り組もうとはしない。

自分に価値があると思える援助

以上のことを踏まえて、どうすれば子どもは自分に価値があると思えるようになるのかを考えたい。もしも、子どもが自分に価値があると思えなければ、課題に取り組もうとしない。勇気づけは、この線で考えるならば、課題解決の能力を与えるというよりも（アドラーは、先に見たように「誰でも何でもなしとげることができる」といっている）、子どもが自分に価値があると思えるように援助することであるが、従来の教育方法では、子どもを援助することはできない。

やる気を出さないでおこうと決めている子どもに働きかける時には、慎重になりすぎることはない。多くの親や教師は、子どもが勉強をしなければ何とかしようと思うだろうが、アプローチの方法を間違えば、事態は何も働きかけない時よりも悪くなってしまう。どちらのタイプの子どもも、課題を達成できないと思っているという意味で勇気をくじかれている。そのような子どもが課題に取り組む援助をしたい。子どもが自分で課題に取り組む援助をするのであって、親が子どもを課題に取り組ませるのではない。

叱ることの問題

今日、叱ることが子どもの教育に有用である、と公言する人は少ないだろうが、叱ることが必要な場合がある、と考えている人は多い。日々の生活の中で子どもを叱らずにすむことなど考えられない人はさらに多いのではないか。しかし、叱ることでは、子どもは自分に価値があるとは思えず、子どもが課題に取り組む援助をすることもできない。

課題の達成そのものは重要ではないという子どもがいる。そのような子どもは、親から何かの課題をするように指示されたというだけで、そのことを拒否する。

このことは、親が子どもを叱る場合に起こりうる。叱られた結果、恐れをなして課題に取り組む子どももいるが、叱られても反発する子どもがいる。子どもは親のいうことが正論であることを知っているのである。例えば、親は子どもに早く宿題をしないと眠くなるという。子どもにすれば、このようないわれなくてもわかりきったことを親からいわれるほど腹立たしいことはない。そう思った子どもは、課題に取り組むことを放棄しかねない。叱ることでは、課題に取り組まないでおこうという決心を翻すことはできない。仮に子どもが大人の叱責によって課題に取り組んだように見えても、自発的に決心したのでなければ、いつでも簡単に元に戻ることになる。

叱るということに、怒りの感情が伴わない人はないだろう。アドラーは、怒りは人と人を引き離す感情である、といっている（『性格の心理学』）。子どもを援助したいと思うのであれば、距離が近くなければできない。われわれが犯す間違いは、叱ることで子どもとの関係を最初に悪くし、したがって子どもとの距離を遠くしておいてから、子どもを援助しようとすることである。そのようなことは不可能である。関係が近くなければ、子どもを援助することはできないからである。子どもの側からいえば、叱る人のことを仲間とは思えない。そのことがどんな問題をはらむかについては、すぐ後に見る。

なぜ援助することにならないかといえば、叱られた子どもは、叱られることでは何も学ぶことがないからである。親について好意的にいえば、親が叱るのは子どもの行動の改善を願ってのことであるが、叱ることでは、その目的を達成できない。

歩きながらミルクを飲んでいた私の二歳の息子が、私の予想どおり、ミルクをこぼしたことがあった。このような時、大抵の親は叱るが（しかも、まだミルクをこぼす前にである）、子どもに学んでほしいことは、失敗した時にどう責任を取ればいいか、次に同じ失敗を繰り返さないためにはどうすればいいかということである。謝ることではない。失敗した時、親が怖ければ、子どもは失敗することを恐れるようになることもある。そうなると、失敗を恐れる子どもは課題に取り組むことすらしなくなり、自分に能力があるとは思えなくなる。ひとたび自分は何もできないと思った子どもには、そのことが固定観念になってしまう。

こうして、ひとたび消極的になった子どもは、積極的に自分から何かをしようとしなくなり、すぐ後に問題にするように、他者に貢献しようとは思わなくなり、自分のことしか考えられなくなる。他者に貢献することではなく、他者からどう思われるかを気にするようになるのである。電車の中で高齢の人に席を譲ろうと思っても、時にはまだ席を譲られる年ではない、といわれるかもしれない。そんなことをいわれたら嫌だというようなことを考えているうちに、時間だけ過ぎていき、席を譲る機会を逸してしまう。

叱ることの弊害が叱られた子どもに現れるだけではなく、社会問題化することもある。先にアドラーが五歳の時に池で置き去りにされ、肺炎になったことを見た。日本でも、一緒に遊んでいた友達が川で溺れたにもかかわらず、その溺れた友達を放って帰ってしまい、発見が遅れて亡くなったという事件があった。なぜすぐに知らせなかったのか。川で遊んでいたことを親に知られ、叱られることを恐れたからだという。このような場合、親から叱られるとしても、まず知らせるべきなのは当然である。それなのに、叱られることを恐れる子どもは、自分のことしか考えなかった。

いずれ発覚することがわかっていたであろうに、あわよくば隠しおおせると思って、不正を隠そうとする役所や企業の体質も、叱る教育による影響ではないか、と私は考えている。親から叱責されることを恐れ、責任を取ることを避けるために失敗を隠そうとする子どものように、大人も自分、及び自分が所属する団体に不利になることを恐れるあまり、失敗や不正を隠蔽《いんぺい》しようとする。だが、発覚すると、皆一様にお詫び会見を開き頭を下げる姿は見苦しい。見つからなければいいという意識は、叱られて育った人に育まれるのではないか。

親が叱ることは、また子どもに注目することになる。小さな子どもでなければ、自分のしていることが親を怒らせることになることはわかっているはずである。それにもかかわらずそのような行動をするのは、せめて叱られるという形であっても、親から注目を得たいと考えるからである。したがって、子どもをこれほど叱っているにもかかわらず、子どもが問題行動をやめないのではなく、叱っているからこそ、やめないというのが本当である。

叱る人は、相手を自分と対等とは見ていない。対等だと見ていれば、そもそも叱ることなどできないはずである。たとえ何か行動を改めてほしいことがあっても、相手が自分と対等だと思っていれば、叱る必要を感じないし、できないだろう。自分よりも下だと思っているからこそ叱れるのであって、その際、対人関係で下に置かれた人はそのことを嬉しくは思わないだろう。

ほめることの問題

それでは、叱らないでほめればいいかといえば、そうではない。叱られる場合と同じく、ほめられた子どもも、自発的に行動するのではないからである。ほめられるために何かに取り組む子どもは、もしもほめる人がいなければ何もしない。たとえ誰も見ていなくても、自分の判断で行動できる子どもになってほしいのである。

このほめることと勇気づけがどの点でもっとも異なるかといえば、ほめることが上から下という対人関係を前提としているということである。子どもはほめられても、実は少しも嬉しくはない。親のカウンセリングに同行した三歳の女の子が、カウンセリングの間おとなしく待てたら、親は「えらいね」とほめるだろうが、夫のカウンセリングに同行した妻が、カウンセリングが終わった時に、夫から「えらいね」といわれても嬉しくはないだろう。むしろ、ばかにされたと思うだろう。子どもも同じである。いや、そんなことはない、子どもは喜ぶはずだと思う人は、子どもを大人と対等とは見ていない。そのような人は、子どもをおだてるべきだといってはばからない。もちろん、おだてられて動く子どもは自発的に行動したことにはならない。

子どもは自分をほめる親を仲間と思うかもしれないが、いつもほめられてばかりいると、かえって自分には課題を解決する能力がないと思うようになるだろう。ほめることは、あることについて、それができないということを前提にしているのであって、大人が子どもにはできるはずはないと思っていたことを、思いがけずできたと思って「えらいね」とほめても、子どもは少しも嬉しくはないのである。

勇気づけと自分の価値

それでは、どうすればいいのだろうか。叱ることでもほめることでもない、子どもとの関わり方として、アドラーは「勇気づけ」を提唱しているのである。子どもたちが課題に取り組まないでおこうとするのは、課題そのものが困難であるからというよりは、子どもの自分についての評価に問題があるからである。それが適切なものであれば、取り組む課題がたとえ最終的に達成できないということがあっても、最初から断念することはないだろう。アドラーは、子どもが課題に取り組まないのは、自分に価値がないと考えているからだ、という（*Adler Speaks*）。子どもの課題を大人が肩代わりすることはできないが、いわば側面から援助することはできる。子どもが自分に価値があると思えるよう援助するということである。

それでは、子どもはどんな時に自分に価値があると思えるだろうか。そして大人は子どもがそう思えるために、どんな言葉をかけることができるだろうか。自分に価値があると思えることがなぜ必要かといえば、自分はこれから先もこの自分でしかないからである。他のものであれば、気に入らなければ買い換えることができる。しかし、私を他の誰かに代えることはできない。たとえどれほど癖があっても、これから先も死ぬまでこの自分とつきあっていかなければならない。この事実が動かせない限り、幸福になれないことになる。

他者からの評価にとらわれない

人からの評価を気にかける子どもがいる。人からよくいわれたら喜び、悪くいわれれば悲しんだり憤慨したりする。これはおかしいだろう。人の価値は他者からの評価に依存しない。悪い人だといわれるから悪い人になるのでも、よい人だといわれるからよい人になるわけでもない。他者の評価を気にかけるというのは、人が自分について持つイメージ、他者の自分への期待に合わせようとすることである。

そこで、勇気づけの目標は、子どもが人からの評価に左右されないように援助することである。勇気づけられた子どもは、他者からの評価にとらわれず、自分を実際よりもよく見せようとはしない。これができれば子どもが大きく変わることができるが、しかし、さらに具体的にどう変わるのかを明らかにしなければ無内容であるともいえる。

短所を長所と見る

人はいきなり変わることはできない。自分の価値を認めることができるためには、短所だと思ってきたことを、長所として認めたい。勇気づけられた子どもは、自分についてそれまでとは違った見方ができるようになる。例えば「暗い」のではなく「やさしい」というふうにである。自分ではこのように見ることは難しいが、大人が子どもに自分のことを違うふうに見ることができることを教えることはできる。

これは自分について意味づけを変えるということである。このように意味づけを変えていくこともできるが、逆のことがあることも見逃せない。ある人の長所だとかつては思われていたことが、短所に見えるということがある。好意を持っていれば、どんなことでもよく見えるのに、その気持ちがなくなれば、几帳面できちんとしている人だと思っていたのに、細かいことにこだわるうるさい人に思えるというようなことである。

自分についても、自分のことを好きにならないでおこうという決心が先行する。そのように決心することには目的がある。そうすることで、積極的に他者との対人関係を築かないでおこうと考えているのである。これやあれや理由があるので、誰かのことを好きではなくなったというのではなく、好きであることをやめようという決心をするので、その決心によって、相手から離れていくために必要な理由として相手の短所を探し出すのである。そこで、自分の価値を認めるべく短所を長所と見るためには、他者との対人関係を積極的に築こうとする決心が必要となる。

自分の価値は貢献感によって得られる

自分を好きになる決心ができるためには、他者との関係を築くことが自分にとって有用であると、はっきり理解されなければならない。人は孤立して生きているのではなく、他者との関係の中にある。しかもこの関係は敵対的な（gegen）ものではなく、アドラーのいう共同体感覚の原語（Mitmenschlichkeit）が示しているように、人と人は結びついて（mit）いるのである。

アドラーは「私は自分に価値があると思う時にだけ、勇気を持てる」という言葉に続けて次のようにいっている。
「そして、私に価値があると思えるのは、私の行動が共同体にとって有益である時だけである」(*Adler Speaks*)

他者が自分をどう評価するかということから自由になることも、短所を長所として見ることも、自分を好きになるために必要なことだが、自分を好きになるための積極的な方法がある。自分のことを好きだと思えるのは、自分が役立たずではなく、たしかに誰かの役に立てていると思え、貢献感を持てる時である。

共同体にとって有益なことをしている時、そして、そのようにして共同体に貢献している時、自分が人の役に立てていると思え、そのような自分に価値があると思えるのである。アドラー心理学が、ほめるのではなく勇気づけることを勧め、具体的には「ありがとう」ということを提案するのは、自分が役に立てたと思い、そのことによって自分に価値があると思ってほしいからである。

ほめられて育った子どもは、適切な行動に気づいてもらえなければ(これも他者の評価を気にすることである)、たちまち適切な行動をやめてしまい、自分をほめない人を敵だと思う。貢献感があれば、他者から認められなくても自足しているのと対照的である。

このように、自分が他者に貢献できると感じられることは、自分に価値があると思えるために必要なことだが、他者の役に立とうと思えるためには、その他者が自分にとって、これまで何度も使っている言葉を用いるならば、「仲間」であると思える時だけである。他者は必要があれば自分を援助しようとする人であると思い、さらに、だからこそ自分も他者から受けるだけではなく与えたい、つまりは貢献したいと思いたい。しかし、叱る人のことを仲間だと思うことはできない。他方、人からほめてもらうと嬉しいと思う人があるかもしれない。しかし、自分ではできて当然と思っていることまでもほめられると、そのようにほめる人のことを仲間と思えるかもしれないが、ほめられてばかりいれば、自分に価値があるとは思えなくなる。

そこで、カウンセリングの間おとなしく待った子どもには、「えらいね」とほめるのではなく「ありがとう」といいたい。これは子どもが待つことで、貢献感を持つ援助をするのがねらいであって、決して次回も適切な行動をさせるためではない。貢献感を持てる援助をすることで、自分に価値があると思ってほしいのである。自分が何らかの形で貢献できたことを知った子どもは、自分のことに価値があると思え、自分を好きになることができる。課題に取り組める子どもは、このような子どもだけである。

このような子どもは、自分が優れていることを他者に示すために行動しない。また他者から評価されるかどうかも問題にしないし、他者から認められることも求めない。他者から認められることは嬉しいことであるが、子どもがそれを求め期待するようであれば、たとえ貢献に注目しても、ほめることと変わりはないことになる。もしも優れていることを示したり、評価されたり、認められるために行動するのであれば、そのようなことが達成できないと思ったときには課題に取り組もうとはしなくなってしまう。

他者に貢献するのであれば、それによって他者からどう評価されるかは問題にならない。課題そのものについても、たとえ課題を完全になしとげることができなくても、最初から課題に取り組まないよりはるかに望ましい。このように考えることができる子どもの関心は、自分ではなく他者に向けられているのである。他者への貢献が行動の目的であれば、行動しないという選択肢は最初からない。したがって、やる気があるかどうかも問題にならない。やる気が出ないと考える子どもは、自分のことしか考えていない。勇気づけは、子どもが自分から他者へと関心を向け変える援助をするというところからしか始められない。叱るとかほめるといった即効性があるように見える子どもへの働きかけは、結局は回り道になるだろう。

他者に期待せず与える

他者から与えられることを当然だと思い、他者が自分に何をしてくれるかということ（評価を求めることもその一つである）にしか関心がない子どもがいる。このような子どもにとっては、自分は世界の中心であり、自分のまわりを世界がめぐっている。たしかに人は他者と離れて生きることはできず、自分がこの世界に所属し、その中に自分の居場所があると感じられることが、人間の基本的な欲求であるというのは本当だが、そのことは自分が世界の「中心」にいるということではない。世界の「中」にいるけれども、「中心」ではないのである。

自分が世界の中心にいると考える人は、私は他者の期待を満たすために生きているのではない、という。それは正しい主張である。しかし、もしそのように主張するのであれば、同じことを他者にも認めなければならない。自分が他者の期待を満たすために生きていないのであれば、他者も自分の期待を満たすために生きているのではないのである。

私の経験でいえば、心筋梗塞で倒れ冠動脈バイパス手術を受けたのだが、まだ術後の傷が十分癒えてなかった時に電車に乗らなければならなくなった。外からは手術を受け退院したばかりであることなどわからないので、当然、誰も席を替わってくれる人はなかった。たとえ血の気を失い倒れそうになっても、他者が席を替わってくれないことに腹を立てるいわれはない。もちろんそのような時には、多くの場合、助けてもらえるだろうが、それでも助けることはあくまでも他者の好意であって義務ではない。黙っている限りは自分が何をしてほしいか伝わらない。だからこそ、他者に働きかける時には、命令するのではなくお願いするしかない。

他方、自分が他の人を援助した時、「ありがとう」といってもらえたら、たしかに嬉しいし、だからこそ自分は他者にありがとうといいたいが、他者がいつも必ずありがとうといってくれるとは限らない。このような場合、他者から注目されなくても、そのことを不満に思わないでいたい。ほめられて育ってきた人が、何らかの仕方で見返りを求めるのは問題である。他者を援助するというような場合、他者から認められる必要はないのである。

このように思えるようになるためには、先に見たように、他者を敵ではなく仲間と見る必要がある。自分のことは好きになれても、他者が仲間とは思えないという人は多い。叱られて育った子どもは他者を仲間と見ることが難しい。叱られ失敗を恐れるようになった子どもは、何かを積極的にしようとはしなくなる。当然、他者に貢献することなど思いもよらない。

しかし、そうではないのだ、私はあなたの仲間なのだという人に出会えれば、たとえそのような人がたった一人でも、この世界に自分の仲間がいることを知ることで、人は必ず変われるのである。

そして自分だけではなく他者にも関心を持ち、他者に協力できるようになる。自分は自分だけで完結せず、他者に自分の存在を負っているということを知っているからである。

このように考えられるからこそ、勇気づけられた子どもは他者を援助する一方で、自分の力だけでは解決できないことがあれば、他者から援助を受けることを恥じたりはしない。甘やかされた子どもには思いもよらないことだが、他者を信頼できず、何もかも自分独りで背負い込み途方に暮れている子どもはたしかにいるのである。

仲間として対峙する

アドラーが、著作の中で語る患者との関係の中から例を引きたい。別の医師から治癒不可能と宣告されたある統合失調症の患者が生きる勇気をすっかりなくしていたが、アドラーと話している間に、またその勇気を見出した（『生きる意味を求めて』）。この患者は、前の医師と同じようにアドラーからも拒絶されるだろう、と思っていた。彼は子どもの頃から他者に受け入れられないという体験を重ねてきたので、その後の人生においても誰からも拒絶されると思っていた。事実そのような経験を再三再四してきたのである。それは自分の「運命」だとアドラーに説明した。そしてアドラーの前で三カ月沈黙を守った。この間、アドラーがどんな態度で接したかについては、アドラーは何も語っていないので、想像するしかない。沈黙の時間を共有していたかもしれないし、問わず語りに語ったかもしれない。

アドラーは、この患者の沈黙が「反抗的な傾向」の表れであることがわかった、といっている。

ついにある日、彼はアドラーに殴りかかった。その時、アドラーは抵抗しないでおこう、と決心した。彼はアドラーに殴りかかった時、手が窓ガラスに当たり怪我をした。アドラーは怪我で出血した手に包帯を巻いた。その間、手当てを受けている彼の方はどんな思いであっただろう。殴りかかろうとした時の興奮が冷めていなかったかもしれないし、出血した手を見て興奮が冷め冷静になったのかもしれない。それ以上に、自分が殴りかかったにもかかわらず、アドラーがそのことに一切抵抗しなかったことに驚き困惑したのではないだろうか。アドラーは男性に声をかけた。

「どうだろう。あなたを治すために二人が何をすればうまくいくと思うかね」

彼は答えた。

「それは非常に簡単だ。私は生きる勇気をすっかりなくしていた。でも話している間にまた勇気を見つけた」

三カ月の沈黙の後の発言である。その間、彼は何も語らなかったが、何をすればいいかという問いへの答えを見出していたのである。生きる勇気を持てばいいのだ。アドラーは続けて次のように書いている。

「勇気は共同体感覚の一面であるという個人心理学の真理を知っている人は、この男性の変化を理解するだろう」

アドラーは彼がそれまで出会ったどんな人とも違った。それまでは、誰からも拒絶されると思っていたのに、アドラーはそうではなかった。拒否されず受け入れられたという経験をすれば、そこから何らかの影響を受けないわけにはいかない。無論、このことがたまたまのことであって、例外的なことだと思うということはあるだろう。そして、自分はやはり拒絶されるだろうという思いを確認する行動に出るかもしれない。

親がある日、子どもを叱らなくなったら、子どもはそのことを不気味に思うだろう。何かわけがあるに違いない。そう考えて、親が怒らないわけにいかないようなことをし、それに対して親が感情的に叱れば、やはり親は変わってはいなかった、と思うのと同じである。

しかし、アドラーの患者がそうであったように、この人は本当に仲間なのだと思えた時、人は変わることができる。

別の統合失調症の患者の例を取り上げよう。彼女も一月もの間まったく話さなかったが、アドラーは話し続けた。一カ月後、彼女は混乱していて、理解するのは困難ではあったが、話し始めた。「私は彼女の友人になり、彼女は勇気づけられた、と感じた」（*What Life Could Mean to You*）。しかし、事は簡単には進まず、アドラーはこの患者にも殴られた。彼女は、再び喚起された勇気を持て余したのである。あまり力がなかったのでアドラーは殴るに任せた。このことを彼女は予想していなかった。彼女もまた窓ガラスを割り手を切った。アドラーは彼女を責めることなく、手に包帯を巻いた。

この後、彼女は回復した。ある日、アドラーは街で彼女に会った。「ここで何をしているのですか」と問う彼女に、アドラーは彼女が二年間入院していた病院へ一緒に来るように、と誘った。アドラーは以前の主治医に、自分は他の患者を治療するので、その間に彼女と話すように、といった。アドラーが戻ってくると、この主治医はいった。「彼女は完全に健康です。でも気に入らないことが一つあります。私のことが好きではないのです」

教育、育児、治療において、もっとも必要なことは信頼を得ること、一人の人間、仲間として向き合うことである。アドラーは甘やかされるのに慣れている患者を甘やかせば、容易に患者の愛情を得ることはできるが、そのような関わりを否定する。他方、患者を軽視すれば、敵意を招くことになる。甘やかすことでも軽視することでも、患者を援助することはできない。権威者として向かい合ったり、依存と無責任の立場に患者を置くのではなく、「一人の人間としての関心」（*What Life Could Mean to You*）を示すことが重要である。

貢献感の重要性

ここで、人の価値は貢献ではなく、「貢献感」によって得られるといわれていることについて注意しておきたい。事実として他者に貢献しなければ自分に価値が持てないというのであれば、ハードルが高くなってしまう。寝たきりの人は貢献できないというようなことになってしまう。

日頃は親を煩わすようなことをいって困らせてばかりいる子どもでも、熱を出してぐったりしているのを見て、元気になることを望まない親はいないだろう。親の視点からすれば、ただ生きていてくれれば、そのままでいい。それを零点と見れば、どんなことでも加算法で見ていくことができる。ともすれば理想の子どもを頭の中に描いてしまい、そこから減点法で子どもを見ることになるが、それでは、子どもが何をしてもマイナスでしか見ることはできない。

また、実際に貢献していなくてもいいということに関連していえば、他者の言動のよい意図を見るように努めたい。よい意図はあっても、それを表現する仕方が適切ではないということがある。よい意図があるだけでは十分ではない、とアドラーが神経症者についていっていることは先に見た。これは自分についてはたしかにそうなのだが、他者についていえば、よい意図を見ていくことは必要で、そこに注目することができてこそ、相手は貢献感を持つことができる。

ここでは、勇気づけについてもっぱら勇気づける側から見ているのだが、勇気づけられる側に視点を移した時、話は少し違ってくる。貢献に注目して発せられる、例えば「ありがとう」という言葉は、自分からは他者が貢献感を持てるようにするため発するよう努めたいが、たとえ自分が他者から「ありがとう」といわれないとしても、そのことを不満に思い不平をいうことはできないのである。

失敗を恐れない

以上のようであれば、勇気づけられた子どもは失敗を恐れず、自分の判断で動けるようになるだろう。他者へ貢献することを厭《いと》わないので、自分のことだけを考え、失敗したらどんな評価がされるかばかりを気にする子どもとは違うのである。

勇気づけられた子どもは、課題に取り組むということだけが関心事である。しかし、失敗を恐れる子どもは、課題を解決することではなく、自分のことにだけ目を向けるようになる。他者からの評価を気にし、よく思われるためには、課題に取り組むことすらしなくなるのである。勇気づけられた子どもはこんなふうには考えない。どう思われるかということを気にせず、課題を解決するとしても、そのことで自分をよく見せようともしない。やればできるのにというような可能性の中に生きようとは思わない。

ともかく課題が与えられれば、できることから少しずつでも始めていくしかない。これは勇気そのものであり、アドラーはこれを「不完全である勇気」「失敗する勇気」と呼んでいる（*Adler Speaks*）。失敗を恐れて初めから課題に取り組まないより、はるかに望ましいわけである。同じ失敗を何度も繰り返すことは問題だろうが、失敗することなしには、何も学べないといっても過言ではない。試験を受けた直後に、答え合わせをすることができる人は、次回は同じ失敗をすることを回避できるだろうが、悪い点だったという事実を直視することを恐れて見直さなければ、同じことが繰り返されることになる。

対等であること

アドラーは、自分に殴りかかった患者に「どうだろう。あなたを治すために二人が何をすればうまくいくと思うかね」とたずねた。「私が」何をすればうまくいくといっているのでもなければ、何かをせよ、と命令しているのでもない。「二人が」何をすればうまくいくと思うか、とたずねていることに注目したい。治療者と患者の関係は、患者にとって対人関係全般のモデルである。親子関係も教師と生徒の関係も同じである。

一九一五年生まれのジャーナリスト、むのたけじと話をした中学生がこんなことをいっている。むのと話して初めての経験をした、という。

「私は生まれてからずっと、大人に会うと上の立場から、下に見られていました。家では親から子供だと見られ、学校では先生から生徒だと見られ、近所でも子供だと見られていました。それがむのさんのところに行ったら、私を一人の人間として対等に扱ってくれたので、夢中でしゃべることができました。生まれて初めて子供扱いされずに、人間扱いされました」（むのたけじ『戦争絶滅へ、人間復活へ——九三歳・ジャーナリストの発言』）

他方、むのは、これまで想像しなかった若者が出てきたことを知り、このことを知ってから死ぬのと、知らずに死ぬとでは大違いだ、と書いている。

「彼らは門地、門閥、家柄、見識、権威、あるいは貧富とか能力とかの違いでは、人を見ないわけだ。人間対人間で、こっちにぶつかってくる」（同書）

このような子どもたちに、叱ったりほめたりする従前の教育は必要ではない。何かについておかしいと思った時は疑問を率直にいえる子ども、大人が空気を読めというようなことをいって異論を持たないように圧力をかけても、それをものともしない子どもであってほしい。

勇気づけの問題

いま一度確認すると、勇気づけは、子どもたちが自分の人生の課題を解決する能力があるという自信を持てるよう援助することである。子ども自身が自分の判断で自分自身の人生の課題に取り組む援助をするのであり、大人は子どもの課題を肩代わりすることもできなければ、子どもを子どもの意志とは何か別の目標へ向かわせることもできない。本書では、慣例に従って「勇気づける」とか「勇気づけられる」という言葉を使ってきたけれども、大人の子どもへの働きかけは操作や支配であってはならない。言葉の本当の意味での自立を支援することは、大人の側に忍耐が要求される。自立させられた子どもは自立したことにはならない。何か問題があった時に、子どもを一喝《いっかつ》すれば、子どもはたしかに問題行動をやめるだろう。しかし即効性があるが、この方法の副作用はあまりに大きいことはこれまで見てきたとおりである。これに対して勇気づけは手間暇がかかるのである。

勇気づけを学ぶと、われわれがどうすれば子どもを勇気づけられるか考え、試行錯誤的に子どもに声をかけるという日々が始まる。そしてある日気がつくのだ。私が子どもを勇気づけているのではない、むしろ、日々の生活においてどれほど子どもに勇気づけられているか、と。

第八章　他者との関わり——個人の独自性と他者との共生

他者によって生かされている

既に見たことだが、人が一人では生きられないという時、そのことの意味は人が弱いからということよりも、人はその本質において初めから他者の存在を前提としており、他者と共にあることで、人は「人間」になれるということである。人は一人では人間になることはできない。人は一人でも生きていけるが、他者と共生することが必要であるというのではなく、人は最初から社会的存在なのである。社会や共同体から離れて生きる個人はありえないのである。

たしかに、他者はある意味でわれわれの行く手を阻む存在かもしれない。他者が自分の思うとおりに動いてくれれば、他者との関係が問題になることはないだろう。私の世界の中へ私の意志に反して他者が介入してくると思わないわけにいかない。

しかし、他者はこのように私に否定的に介入するだけではなく、他者との関係によって私を見出すという側面がある。自己と他者の関係については、現代の多くの哲学者が考察しているが、私は、八木誠一のフロント構造理論から教えられることが多かった（八木誠一『ほんとうの生き方を求めて』）。八木によれば、人のあり方を図で示すと、個人は四角で表せるが、この四角の四辺のうち一辺が、実線ではなく破線になっている。この破線のところは他者に開かれていて、ここにおいて人は他者と接している。その他者も四角で表せるが、同様にそのうちの一辺が他者に開かれた破線になっているのである。私は他者なしには生きられず、私を生かす他者もまた別の他者に生かされているという意味である。

この破線のところで、人は他者と接しているが、もう一つのポイントはこの線（面といってもいいだろう。八木は「フロント」という言葉を使う）において、私（A）は他者（非A）の一辺、あるいは面（フロント）として非Aの一部になっているということである。このように人は他者に開かれ、他者のフロントを自分の一部に同化しなければならない。人は自分のフロントを他者に与えるが（フロント授与）、同時に、他者のフロントを自分の一部に同化する（フロント同化）。このようにして、八木の言葉を使えば、人は一辺が破線である四角形として表される個物ではなく、他者と接することでふさがれ、破線が実線となることで個物から存在者になる。

人はこのように、初めから、人ではなく「人間」なのである。こうしてA→B→C……というふうになり、最終的には、円環構造（A→B→C……A）が形成される。→はAがAとしては完結しないということ、A→BはAがBにその存在を負っているという意味である。そのBもCに、Cはさらに D にその存在を負っている。そして、理論的にはこれは円環となる（A→B→C……A）。

例えば、乳児はその存在を母親に負っているが、その母親も自分だけでは存在できない。夫に存在を負っているかもしれないし、自分の母親にも負っているだろう。そして、夫も母親もそれぞれまた別の人にその存在を負っている。この依存関係を簡便に表すと、円環であるが、実際には球になるだろう。

行為の次元でいえば、例えば私はBに与えるが、Bが私に与えるかはわからない。しかし、そのBの意志とは関わりなく、私はその（行為からではなく）存在から何かを受けている。寝たきりの病者（B）は、たとえ行為の次元でAに何も与えることができなくても、AはBの存在によってBから与えられている。

八木は、乳児と母親の関係を例にして、フロント交換（AがBにフロント授与し、BがAによってフロント同化する）は愛し合う時、支障なく行われるというふうに説明するが、アドラーなら、人と人が結びついていれば（mit）支障なくフロント交換は行われるというだろう。そのように、人（Mensch）と人（Mensch）が結びついている（mit）状態を、アドラーは先に見たようにMitmenschlichkeitといい、このことを知って行為することを共同体感覚があるという。

他方、人と人が反目して（gegen）いれば、フロント交換は容易ではない。アドラーは人と人が対立している状態をGegenmenschlichkeitという言葉で表しているが、そのような状態を人間の本来的なあり方とは考えない。それでも対立できるためには、他者の存在が前提になっているのでなければならない。一人では対立することもできないからである。

与えること、受けること

このように、人の存在が他者との関係を離れては成立しないのであれば、他者を自分から切り離しては生きていくこともできない。このような他者と私がどんな関係に立つかが次の問題である。

かつて私は母の病床に長く付き添ったことがあった。入院していたので、主だったことは医師、看護師がするので、私は身の回りの世話をわずかにするだけだったから、介護というほどのことはなかったが、介護が大変であることをこの時初めて知った。脳梗塞で寝たきりになった母のそばにいて、洗濯をしたり下の世話をすることは、もっぱら深夜に付き添っていたので、体力的には応えた。その母は意識がなく何も話さなかった。

その後、四半世紀経って、今度は父の介護をしている。父はアルツハイマー型の認知症であり、目が離せない。父は直近の過去のことを忘れてしまう。砂絵のように記憶は上書きされる。いずれの場合も、感謝されることを期待するわけにはいかない。

これは対人関係の極端なケースに見えるかもしれないが、基本的にはどんな対人関係にも当てはまる。人は他者から離れては生きられず、その意味で、人はこの世界に属しこの世界の一部だが、世界の中心にいるわけではないので、世界あるいは他者から当然のこととして与えられるわけではない。

人に与えたいが、人から与えられることは問題にしないということである。賞賛をめぐる問題について先に見たが、ほめられて育った人は、ほめられることを期待するようになる。もしも誰も自分の行動をほめてくれないのなら、あるいは自分が思うほどの賞賛を得られないのであれば、適切な行動をやめておこうとまで思ってしまう。そうではなく他者に期待しない。それでも貢献感を持つことはできる。これまで見てきた自分の価値をどんな時に感じられるかということについていえば、誰かの役に立っていると感じられる時、そんな自分に価値があると思えるのである。感謝されるかどうかは問題にならない。アドラーが、先に見たように自分に価値があると思えるのは、私の行動が共同体にとって有益な時だけであるというのは、以上のような意味である。共同体は二人の間でも成立する。

ほめるのではなく「ありがとう」といおうと先に書いたが、これは相手に貢献感を持ってほしいからである。他の人は、ありがとうといってくれないかもしれないが、これはしかたない。このようなことは不公平に思えるかもしれないが、自分の存在は先に見たように他者の存在を前提にするのであるから、私は他者に与える必要がある。

行為の次元においては、他者から何かを与えられたからそれに対して返すというのではなく、ただ他者に与えたい。このようにして、人は自分の価値を認めることができるのである。ただし行為の次元では意識がなかったので何も与えられなかった私の母は、存在の次元で、つまり生きていることで、そのまま与えることができていたのである。

さらにいえば、母はその後、治療のかいなく亡くなったが、もはや生きていない母は存在の次元で与えることはできないのかといえば、そんなことはない。胎児が胎動を感じる母親にとって人であるように、脳死状態にある人も、その人と関わる家族にとっては人である。それと同じように、死んだ人も人であり続けることができる。

以上のことは、自分についてもいえる。自分についても、何か特別なことをしなくても、存在していることが、既に他者に貢献していると感じられることを認めたいのである。これは行為ではなく、存在の次元でのことである。

それというのも、実際に何らかの行為によって他者に貢献できなくなるということはあるからである。病気になった時のことを例としてあげることができる。ベッドの上で動けなくても、自分が役立っていると感じたいのである。そのことは、今のあり方を変えようとしないという意味での現状肯定とは違う。たとえ何もできていなくても、貢献感を持つことには勇気がいる。

心筋梗塞で倒れ入院した私は、絶対安静を強いられ、ベッド上で寝返りを打つことすらできなかった。やがてベッドで起き上がれるようになり、歩けるところまで回復したが、すべてを一からやり直す必要があった。その間、ずっと家族や看護師の手を煩わさなければならなかった。そんな私がどうして貢献できるだろう。貢献どころか、迷惑をかけているだけではないか、と思った。

ところがある日、私はこんなことに思い当たった。私の世話をしている人は、そのことで貢献感を持てるのではないか。まわりの人にただ迷惑をかけていると思うこと、あるいは看病や、さらには見舞いに行くことすらまわりの人は煩わしいと思っているのではないかと見ることは、これまで使ってきた表現を用いると、他者を仲間とは見ていないということになるのではないだろうか、と。

病気になった私は、そのように感じられる機会を他者に提供したと思ってはいけないだろうか。自分のことについて、このようなことを書くことにはためらいを感じるが、まわりの人からの援助が必要な人は、ぜひこんなふうに感じてほしい。

アドラーは、自分がただいるだけで重要だと思っている子どもがいるといっている。

「もしも子どもを甘やかし、注目の中心に立つようにさせていれば、他の人によく思われるに値する努力を何もしなくても、ただいるだけで重要である、と自分のことを見なすことを教えたかもし

れない」（*What Life Could Mean to You*）

これは、子どもを甘やかし、注目の中心に立つようにさせた場合のことであって、先にあげたような場合には当てはまらない。甘やかされた子どもの場合は、そのままでいいわけではない。自己中心主義から脱却し、他者から与えられるだけではなく他者に与える人になること、自分への関心（self interest）を他者への関心（social interest）にすること（そして、これが共同体感覚があることの意味である）に向けて努力しなければならない。このことについては既に見た。

子どもの場合は、たしかに最初は生きていくために親から全面的に援助を受けなければならないが、いつまでもそのことを当然と思っていると、甘やかされた子どものライフスタイルを身につけることになる。そのため注意は必要だが、そのこととは別の次元で、親にとっては子どもはその存在そのものによって貢献しているというのは、本当である。

病気の人についても、病気になるとまわりの人が献身的に動いてくれるので、よくなるにつれて自分への関心が薄れてくると、失われた注目を取り戻すために病気がぶり返すことがある、とアドラーは指摘する（『教育困難な子どもたち』）。そこで病気の時ですら、自立心を奪わないように、という。しかし、それでもまわりの人の視点からいえば、存在そのものへの注目が出発点である。

子どもであれば、今日できないことも明日はできるという希望があるが、私の父のように回復を期待することが困難である場合は、なおさら存在に注目したいと思っている。しかし、子どもの場合でも、これからどう育つかということよりも、今この時間を子どもと共有できること、存在するだけで、子どもは他者に貢献できるということを、アドラーの注意とは別に知っておくことも重要だろう。何か特別なことをしなければならないと思い込むと、それだけで他者に関心を持つことすら断念してしまうこともありうるし、また自分の存在そのものが既に他者にとって迷惑になっていると考える人もたしかにいるのである。

以上のことを注意した上で、与えることをアドラーが重視していることを確認したい。私の存在は私だけでは完結しない。私はその存在を他者に負っている。しかし、ここで終わりではなく、仲間としての他者と調和し、仲間から受けるだけではなく、仲間に与え、あるいは貢献したい。そうすることで、先に見たように自分に価値があると思えるのである。

「人間の生の問題のすべては、協力の能力とそれへの準備を要求する」とアドラーはいう（『生きる意味を求めて』）。アドラーが、この協力の能力とそれへの準備が共同体感覚（Gemeinschaftsgefühl）のしるしであると考え、共同体感覚に言及しているのは理解できる。人は他者との関係を離れては生きられず、他者と共生しなければならない。その際、私と他者はただあるわけではなく、私は他者に働きかけ協力するのであり、共同体感覚という意味の、アドラーが使うもう一つの表現から知られるように（Mitmenschlichkeit）、共同体感覚とは人と人とが結びついている（mit）ことを意味しているからである。

属性付与とそこからの解放

このように、人と人は結びついている。それにもかかわらず、他方、個人は独自な存在であることを忘れてはならない。人と人との結びつきを強調すると、他者との差異ではなく、同一性、少なくとも類似性が強調される。しかし、私と他者の間に隔たりがあるからこそ、他者と結びつくことができるのであって、差異がなければ他者との結びつきは意味をなさない。私と他者が異なるからこそ、言葉も必要なのである。

このようなことは、当たり前のことに思えるかもしれないが、親と子どもが心理的に一体化しているというケースはある。子どものことは、親の私が一番よく知っているという親がいるが、はたしてそうなのだろうか。

「理解する」という意味の comprendre というフランス語がある。これは「含む」とか「包摂する」という意味である。私があなたを理解するというのは、私があなたを包摂するということである。しかし、相手を包摂できると思っても、相手は必ず私の理解からはみ出て、私の理解を超える。私はこの子のことがわからないという方が、本当ではないか。私があなたを理解しているという時、理解された（とされる）あなたは私の知によって包摂されて（compris）いるということになるが、他者は包摂できない。

自分のことすらわからないのではないか。パウロは、「私は自分がしていることがわからない。なぜなら私は自分が欲することは行わず、かえって自分の憎むことをしているからである」（『ローマ人への手紙』）といっている。

他者について、包摂できないところがあっても、それを見て見ぬふりをしていないだろうか。見えていないのかもしれない。子どものことは、親である自分が一番よくわかっているという人は、子どもに自分が包摂できないところがあるとは思ってもいない。

子どもの側からいえば、そのように親に包摂されることに反発して当然である。親に反抗することは問題とされるが、むしろ自分が親に対して、親といえども包摂できないということを知らしめることは、望ましいことといえる。

ところが、このような他者による包摂、あるいは他者による評価を受け入れてしまう人がある。より正確には、他者による包摂、評価が自分にとって好ましい時にだけ受け入れる。そこで自分のことをよくいわれたら喜び、悪くいわれたら悲しんだり憤慨したりする。

しかし、これはおかしいだろう。自分の価値は他者からの評価に依存しない。あなたはだめな人ね、といわれたからといって、そのような他者からの評価によって自分がだめな人になるわけではない。反対に、他者が自分を高く評価したからといって、その評価によって自分の価値が高くなるのではない。他者からの評価は、自分の価値を上げることも下げることもない。

それに、あらゆる人が同じ評価をするはずもない。自分のことを肯定的に評価する人もあるはずである。たとえ誰も自分を高く評価しないとしても、そのことが自分の価値を下げることにはならない。

評価とまではいかなくても、他者が自分のことをどう思うかはたしかに気になる。レインは、次のようにいっている。

「自分は他者がこうだと見なしているようでは必ずしもないということを悟るのは、偉業(achievement)である。このように、自己アイデンティティ、つまり自分の自分にとってのあり方(being-for-oneself)ということと、他の人にとってのあり方(being-for-others)が一致していないと

いう意識は、苦痛に満ちたものである」(Laing, *Self and Others*)

この不一致をなくしたい。どうすればいいだろう。一つは、人が自分をどう見るかということを一切問題にしないということである。カウンセリングでは、本人の自己評価があまりに低い場合、それとは違う他人の見方があるということを知ってもらうことがある。そんなふうに自分のことを見てもいいのだと判断し、自分の見方を変えるわけである。

レインによれば「ある人に与えられる属性が、その人を限定し、ある特定の境地に置く」(同書)。これをレインは「属性付与」(attribution)という名で呼んでいる。属性というのは、事物が持っている特徴や性質のことをいう(第四章の説明ではFに相当する)。

ところが、AがBについてなす属性付与と、BがAについてなす属性付与は、一致していることもあれば、一致していないこともある。親から離れていこうとする子どもについて、親は「だけど、お母さんはお前がお母さんを好きなんだってことわかっているわ」と属性付与をする(同書)。好きだといわれ続けることに辟易《へきえき》した女性にある男性が、その気持ちを無視して、「N子ちゃんもおれのことずっと好きだったってこと、おれはわかっている」といってのける(鷲田清一『じぶん・この不思議な存在』)。これも属性付与である。

しかも、とレインはいう、この属性付与は命令でもある。今のケースでいえば、私を好きであれ、と親は子どもに、彼は彼女に命令している。問題はこのような属性付与を受け入れてしまうことにある。あるいは他者からの属性付与に自分を合わせてしまおうとすることである。お母さんのことを好きではないのかと問われ、好きではないと答えることは、たとえそのことで母親から平手打ちされようと、事実上の命令である属性付与を受け入れるよりははるかに望ましいだろう。なぜなら、平手打ちをする母親は、少なくとも子どもを分離した存在として扱っており、子どもの方も自分が母親に影響を及ぼしうるということを知っているからである。

属性付与は他者の独立に目をつぶり、子どもが離れていこうとしていても、それに反対する方向で属性付与をすることで、レインの言葉を使うならば、「真の背離」(real disjunction)が廃され、「偽の結びつき」(false conjunction)が創り出される。

そこで、このような他者による属性付与や評価から自由になりたい。他者からの期待からも自由になりたい。自分を実際よりもよく見せようとする必要はない。そのように思った時に人は変わることができるのである。

今書いたのと同じことが、他者についてもいえることに注意したい。他者も私の期待を満たすために生きているわけではないのであるから、属性付与することもできない。属性付与は命令でもあるので、他者がその命令としての属性付与に従わなければならない義務は、少しもないのである。

他者からの承認はいらない

自分を受け入れ、自尊心を持つためには、他者から承認されることが必要だという人は多いように思う。今見た属性付与を受け入れることも、他者から承認されることといえる。他者から承認されることはたしかに嬉しいことであり、また先に見た短所の長所への置き換えが他者によってなされる時、自分では思いもよらなかった仕方で他者が自分を見ていることを知ることは驚きであり喜びである。その意味で、他者からの承認がいらないというのはいいすぎかもしれないが、それでも他者からの承認がどうしてもいるというのであれば、それも違うと思う。

他者から承認されれば、たしかに嬉しいだろう。そんなふうに、他者には承認の言葉をかけたい。しかし、自分を受け入れ好きになれるために、他者からのこのような承認が絶対必要かということになると、それは違うと思う。

学校から帰ってから、寝たきりの曾祖母《そうそぼ》の下の世話をする小学生がいた。彼は当然のようにそのような介護をしていた。私はある日、その話を聞いて驚いた。普通の子どもは小遣いをもらってもしないかもしれないからである。そこで、こんな話を聞いた、とそのことをその小学生の親に話したところ、その親はいった。「でも、あの子は勉強しません」

たしかに、子どもが曾祖母の世話をしていることに注目しないという親の対応は問題だと思う。子どもの行為が貢献している面に注目し、「ありがとう」といってほしい。しかし、彼の視点からいえば、だからといって、何としても注目、承認されなければならないわけではない。「ありがとう」というふうに言葉をかけられ、自分の行為を承認してもらえれば嬉しいけれども、そんなふうに承認されなければ、曾祖母の介護をしないというのはおかしいし、彼にはそう思ってほしくない。乳児は泣くことでしか家族の注目を引くことができないが、大きくなれば家族の一員ではあっても、家族の中心でいることはできないから、自分の存在や行為が常に必ず他の家族から注目され承認されることを期待することはできない。

この親の「でも、あの子は勉強しません」という言葉は、自分は子どもが勉強する時にだけ認めるという意味になり、勉強しなさい、そしておそらくはいい成績を取りなさいと子どもに命令しているわけである。曾祖母の介護はしなくていいし、それはむしろ勉強の妨げである、と親は見ている。この小学生は、親の承認を求める必要はなく、それどころか親の価値観にもとづいて子どもの行為を禁じる親からの働きかけにとらわれることなく、自分の判断で行為を選べるようになってほしい。

私は、注目されたい、承認されたいと思う人は、子どもの頃から受けている賞罰教育の影響による、と考えている。自分をほめる人がいなければ、適切な行動をしない人がいる。廊下にゴミが落ちている。ほめられたい人はまわりの様子を見る。ほめられたい人は、ほめる人がいなければ何もしない。これはおかしい。

注目されることを行動の目的と見る人は、ほめられたいと思って何かをする。ところが、たしかにその行動は表面的には適切なものであっても、期待する注目が他者から得られなければ、注目をしない人に憤慨するか、もはや二度と適切な行動はするまい、と決心する。しかし行動は本来的には、それ自体で完結しなければならない。

ここで注意したいのは、他者からの注目や承認はいらないといっても、他者あるいは、もっと広く社会との結びつきがない、あるいは必要がない、ということではないということである。ことさら承認を求めなくても、人は他者との関係の中に生きている限り、たとえ言葉などによって実際に承認されなくても、十分承認されているからである。他者からのことさらの承認や絶え間ない注目がいらないという時、これは行為の次元でのことである。他方、人は他者との関係の中に生きている限り、たとえ何もしなくても他者からの承認を受けているというのは、存在の次元でのことである。

競争からの脱却

以上見てきたように、他者は必ずしも自分にとって妨げになる存在ではなく、それどころか、自分の存在を基礎づける。他者がいなければ、この私もまた存在しない。そのような他者と自分は、協力していく必要がある。

しかし、実際には他者と競争する。そこでは勝ち負け、そしてどちらが上か下かということが問題になってくる。アドラーが考えるように、人は他者と対等の関係にあるのなら競争する必要はない。アドラーは、共同体感覚を持った人は協力し貢献するというのだが、競争はこの協力とは相反するものである。動物は単独でいるよりも群れでいるほうがはるかに生き延びることができるのであり、このことはダーウィンも気づいていた、とアドラーは指摘している(『子どもの教育』)。他者との協力は、ただこのように生物的あるいは社会的に必要というだけではなく、自分が〈ある〉ことの根拠、つまり自分の存在を基礎づけるために必要なのである。したがって、競争は今日よく見られることではあるが、正常なあり方ではないと考える。アドラーが、競争の最たるものである戦争の現実を目の当たりにして共同体感覚を提唱し、戦争することや競争することは人間の本性ではない、と考えたのは特筆に値する。

競争は、人間の精神的な健康をもっとも損なうのである。アドラーは「万人の万人に対する闘い」という言葉を引き、これは一つの世界観ではあるが、普遍的に妥当するものではない、と指摘している（『教育困難な子どもたち』）。この言葉は、ホッブズが『リヴァイアサン』の中で用いた言葉としてよく知られている。人間は自己保存欲を持っており、他者を圧倒しながら自分の権利と幸福を求めようとしている。これをホッブズは「自然状態」と呼ぶ。アドラーがこのような世界観を認めないことは、これまでの記述で明らかであろう。他者を圧倒し、自分だけが幸福になることはできない。他者との協力、他者への貢献が必要である。

人が競争している限りは協力や貢献はできない。共同体感覚について見た際に理想主義というものがどういうものかについて考えた。競争が日常的に見られるからといって、それをそのまま肯定していいわけではない。

力から対話へ

人と人とが対等であり、競争することではなく、他者に協力することが本来のあり方であるとすれば、たとえ考え方が違っても、力を使って自分の考えを相手に押しつけることは必要ではない。

大阪大学で開かれた「平和のための集中講義」において、大阪女学院短大の奥本京子助教授（当時）はこういった。「二人一組になり、一人が自分の片手を固く握ってください。もう一人は、それを開いてみてください」。教室の中がざわめいた。しばらくして奥本はいった。「『手を開いてください』って、言葉でいった人いますか」

奥本はいう。「なぜ力ずくでほどこうとしたのでしょう。平和的手段で紛争を超えるには、対話

して相手と関わることや相手への想像力、創造力が必要なのです」（『朝日新聞』二〇〇三年五月二十三日）

このエピソードから知られるように、対話をすることで問題を解決することなど思いもよらない人は多い。必ずしも物理的な力を使うことでなくても、問答無用で叱ったりするなど、感情的になって相手を圧倒しようとすることはあるだろう。このような仕方での解決は、たしかに簡単で即効性はあるように見える。しかし、それが一時的な解決でしかないことは、日常の場面でいくらでも見ることができる。それに対して、対話による問題解決は手間も時間もかかるが、言葉を使わなければ、そのことから帰結する問題は途方もなく厄介なものになる。

このことは個人間の問題に限らない。国家間でも同じ問題が起こりうる。既に見たように、アドラーは第一次世界大戦の現実を目の当たりにしてきたけれども、それにもかかわらず攻撃本能を肯定するというようなことはなかった。そのような本能を肯定することは、力を使わず、人の生命を犠牲にすることなく、粘り強く言葉によって違いを調整する努力を否定することになる。

親から虐待を受けて育った人がそんな親を憎めば、自分の子どもには同じことをしないはずだが、親からどんなにひどい目に遭わされても、親は自分を愛していてくれたはずだと思う人がいる。そのような人は、自分が親になった時に、親がかつて自分にしたのと同じことを自分の子どもにした上で、なお子どもを愛することができれば、親が自分を愛していたことを確信できる、と思う。こうして虐待が連鎖していく。

考えの違いがあってはいけないというのではない。むしろ、あって当然である。問題はその考えの違いをどう調整するかである。戦争反対ということを単にスローガンとして唱えているだけでは十分ではない。戦争反対といいながら、感情的になって子どもを叱りつけるというようなことを日常の生活の中でしているようでは、次の世代も同じ過ちを繰り返すことになるのは必至である。

第九章　この人生をいかに生きるか――現実と理想を見据えて

人生はそのままで意味があるのではない

　この世界に起こるすべてのことに意味があるとは、私は考えることはできない。何の罪もない人が、たまたまその場に居合わせたというだけで暴漢に刺されるとか、若くして病に倒れるということが、それ自体で何か意味があると思うことは難しい。あまりに理不尽なことだからである。

　もちろん、そのような不幸や病気は神が人に罰を与えるために起こしたものでもなく、前世からの因縁によるのでもない。なぜそのようなことが起こるかは、誰にもわからない。理不尽で悲惨な出来事を完全に防ぐこともできない。しかし、苦しみや不幸を乗り越える力と勇気をわれわれは持っているのである。自分を見舞った運命に屈することなく生き抜く人の姿から教わることは多い。

　アドラーは、一九三七年に過密なスケジュールでヨーロッパ講演旅行を敢行した。その頃、一番上の娘であるヴァレンティーネは、夫と共にモスクワに住んでいたが、彼女に宛てた手紙がそのまま戻ってくるようになった。講演の過密なスケジュールに加え、ヴァレンティーネの失踪に心を痛め、心配で眠れない日々が続いた。そのことがアドラーに致命的な打撃を与え、死を早めたことは疑いない。真相はアドラーの死後、アインシュタインが仲介者となってわかった。ヴァレンティーネは、一九三七年の一月にスターリンの秘密警察に逮捕され、一九四二年頃にシベリアの捕虜収容所で亡くなっていたのである。

もしも起こる出来事に意味があるのであれば、今のこの世界がそのままで肯定されることになってしまう。しかし、実際のところは、この世界はさまざまな悪や不正に満ちている。自然災害については、それを起こらないようにすることは難しいが、人が行うことであれば、それを変えていくことができる。

人生の苦しみを乗り越えていく力を発揮するためには、なぜこんなことが起こったのか、とその原因を過去に求めるだけでは十分ではない。これから何をなすべきか、何ができるかを考えることが必要である。たとえ、自分がどれほど非力に思えても、何もしないことは、起こったことを肯定するのと同じである。起こったことが、自分には直接関係がないように思えても、なお自分に何かできることがないか、考えたい。

人生にはそのままで意味があるというよりは、不条理を超えて、人生を意味のあるものにする努力をするところにこそ意味がある。

現実を超える

今のあり方を変えていくためには、現実を超えていく必要がある。それは必ずしも今のあり方がよくないという意味ではなく、よりよく生きるためにはどうすればいいのかを問う時、現実の生活の彼方にある理想を見ないわけにはいかないということである。今のあり方がすべてで、それをどうすることもできないというふうには考えないということである。

実際、現実のあり方がそのまま正しく、肯定されていいわけではないことは多い。空腹だからといって、いくらでも食べていいというわけにはいかない。病気のために、食事制限をしなければならないのであれば、なおさらである。「善」は既に見たように自分にとって「ためになる」という意味であり、誰もが自分のためになることを欲しているけれども、何が善かは各人の思わくと必ずしも一致するわけではない。与えられた現実からもっとも遠いこともある。現実が理想と一致している方が少ないといっていいくらいである。どう生きるかを考える時、現実の追認ではなく、現実を超える努力が必要であり、そのために現実のあり方がどんなものであれ理想を追求したい。

起こったことを後から説明することを「事後論理」ということは、先に見た。アドラーの採る目的論によってこの世界を見れば、多くのことが違って見えてくる。感情的になって子どもを叱る親は、そうすることの理由をいくらでもあげることができる。子どもを叱り自分の思うとおりにさせるという目的が最初にあるのであって、叱る理由は何でもいい。

国家は他国と戦争する時、大義名分を掲げる。戦争によって経済的に得をする人があるというようなことをいえば、誰も戦争を支持しないだろうが、正義や国益を語れば、戦争を支持する人はあるだろう。実際には戦争をするという目標が最初にあって、それを正当化するために、つまり戦争をしようと決めた後に、事後的に大義名分を持ち出してくるのである。戦争が善(ためになること)なのかどうか、戦争以外に問題を解決する方法はないのか、あるいはむしろ戦争では問題を解決できないのではないか、というようなことについて、検討することは必要なことであろう。しかし事後論理は戦争をすること自体の是非は不問にし、決めたことを無批判に後から正当化するだけである。

心理学も現状を事後的に追認するだけでは、現実を変える力はない。過去に目を向け現在の症状の分析に終始する心理学には、問題を解決する力はない。アドラーは過去をまったく問題にしないというわけではない。実際カウンセリングにおいて過去のことをたずねることはあるが、過去の出来事が現在の問題の原因となっていることを明らかにするためではない。そのようなことをしても過去はもはや取り戻すことはできない。しかし、過去も今も人を代えて同じことをしているということを知るために、過去のことをたずねることはたしかにある。そうだったのか、とそれまで意識してこなかったことについて意識化ができれば、「これが生きる（das Leben）ということだったのか。よし、それならばもう一度」とニーチェがいっているように（ニーチェ『ツァラトゥストラ』）、そこから先の人生はそれまでとは違ったものになる。カウンセリングにおける洞察は、いつもこのような形で起こる。過去は無駄にはならない。取り返しがつかないと思わないではいられなかった苦い経験があればこそ、このような洞察が可能になるということができる。しかし主眼は過去ではなく未来である。これまで、あるいは目下、どんな問題を抱えているにせよ、これからどうしたいのか、そのためには何ができるのかを考えるしかない。

現実的に生きる

他方、このように現実を超える一方で、現実との接点を見失わないことも重要である。

アドラーは、unsachlich という言葉を使って、人生との連関や現実との接触を失った生き方について問題にしている（『性格の心理学』）。unsachlich は、事実や現実（Sache）に即していないという意味である。sachlich は、反対に事実や現実に即しているという意味である。

現実との接点を失う一つのケースは、自分が人からどう思われるかを気にすることである。人にどんな印象を与えているか、他の人は自分のことをどう思っているかということばかり気にしていると、unsachlich になり、人生との連関を見失うことになる。

「実際にどうか（Sein）よりもどう思われるか（Schein）を気にすれば容易に現実との接触を失う」（同書）

現実との接点を失う第二のケースは、自分や他者について理想を見て、現実の自分や他者を見ないということである。理想を見ていけないわけではなく、それどころか理想を見ていかなければならないわけだが、現実から出発するしかない。このままの自分でいいかといえば、よいともよくないともいえる。「よい」という評価についていえば、まず他者の視点からすると、例えば親は子どもに、そのままのあなたでいい、という。病気であろうと、親から見て問題と思える行動をしていようと、親の理想と違おうと、子どもは子どもである。たとえ学校に間に合うはずもない遅い時間に起きてきても、ベッドの中で冷たくなっていたのではなく、とにもかくにも起きてきたのであれば、そのことを親は嬉しいと思うだろう。勇気づけは行為にではなく、存在についてできる。存在そのものを勇気づけることができる。そこから出発すれば、親は子どもが何をしていても勇気づけることができる。

自分についても、自分はそのままの自分であっていいのである。他の人からの期待を満たすために生きているわけではないからである。レインのいう「属性付与」について先に見たが、他者から自分について、あなたはこんな人だといわれた時、それを事実上、命令にも等しく受け取る人がいる。「誰に何といわれようと私は私」と思って生きたい。

さらに、自分自身について、特別なことをしていなくても自分が他者に貢献できていると思いたい。子どもには思いもよらないことかもしれないが、親にしてみれば子どもはそのままで貢献しているのである。それなのに自分は何も他者の役に立てていない、自分さえいなければ皆は仲よく楽しく生きられるのではないかというようなことを考える人がいる。そんなことはない。

それでいながら、微妙な話になるが、何もしなくていいわけではない。自分では何もしなくても他者が自分のために動いてくれ、そのことを当然と思っていいわけではないのである。その意味では、そのままでいいわけではない。

自己中心主義から脱却し、ただ与えられるだけではなく人に貢献できることが必要である。さりとて、このことは事実として何かができなくてはならないという意味ではないということについては既に見たとおりである。

現実との接点を失うケースとして、第三に何かが実現すればその時初めて本当の人生が始まるというふうに考えていれば、「今ここに生きる」ことはできない。そうして、現実との接点を失ってしまう。このように考えることは、「もしも……ならば」と可能性にばかり賭ける神経症的な論理そのものである。目的論というのは、善を志向しているという意味であって、何か目的を立てる時に、その目的が必ずしも未来になければならないということにはならない。

さらに、問題を先延ばしにするということもある。人生の課題を前にして敗北を恐れる人は、課題に挑戦することを恐れ、「足踏みしたい（時間を止めたい）と思う」（『人はなぜ神経症になるのか』）。

他の人がどう思うかを気にして、人に合わせてばかりいれば、自分の人生に一定の方向性を持てないばかりか、不信感を持たれることになる。相容れない考えを同時に受け入れたり、互いに敵対する人たちのいずれにも忠誠を誓っていることが発覚したりするからである。

現実がどうであれ、先を見据え理想を見失うことなく、同時に今ここに生きたい。これから先、何が起こるかわからない。しかし、わからないことについては悩まない。これを可能にするためには、目先のことにとらわれるのではなく、目標、理想を見据えなければならない。今、直面している困難がすべてで、それが解決しなければ一歩も前に進めないというわけではない。このことは渦中にある時には、たしかにわかりにくいことではある。理想は「導きの星」（『生きる意味を求めて』）としてあり、それに目を向けている限りは迷うことはない。これが目に入っていなければ、目先のことにとらわれ、一喜一憂したり、刹那《せつな》的な生き方しかできない。理想を見据えていないのであれば、「今ここ」の生き方は刹那主義でしかない。理想を見据えている限りは、最終的に達成したいと考える目標は常に視野に入っているので、その実現に資する限りにおいては途中で方向転換をすることは可能である。

楽観主義と楽天主義と悲観主義

アドラーの人生に向ける姿勢は、楽観主義という言葉で特徴づけられる。アドラーは、自分に与えられた課題を円滑に解決できると信じる楽観主義を持った子どもについて、そのような子どもは自分の中に「自分の課題を解決できると見なす人に特徴的な性格特性を発達させる」とし、「勇気、率直さ、信頼、勤勉」などを、必ずその性格特性としてあげている（『人間知の心理学』）。

無論、どんなことでも達成できるわけではなく、時には自分の課題を解決できないことはあるだろう。しかし、アドラーが楽観主義に立つ時、強調したいことは、解決に向けて何もせずに初めから断念すること、そしてその際、何か口実を設けて課題に立ち向かおうとしないことがあってはならないということである。

この楽観主義は、どんな困難にあっても何とかなると考える楽天主義、あるいはプラス思考とは違う。楽天主義者は何が起こっても大丈夫、悪いことは起こらない、何が起こっても何とか「なる」と考え、何もしない。できることの中から何とか「する」楽観主義者とは違う。深刻にならないことは大切なことではあるが、楽天主義者には「あまりに人生を陽気に理解しすぎ、真剣に受け止めなければならない状況も陽気に扱う」人がいる（『性格の心理学』）。

自分の課題を解決できないと信じている子どもは、「悲観主義」の性格特性を発達させる。「臆病、小心、自己を閉ざすこと、不信、その他、気の弱い人が自分の身を守ろうとする性格特性を見ることができる」（同書）。このような子どもは、アドラーがいう「闘う悲観主義」ならまだしも、自分はもう何もできないという「諦念《ていねん》」に駆られ、人生の前線のずっと後ろに位置し、課題から遠く離れたところに逃げこむ。何をしても何ともならないと考え、何もしないのである。

最終的に与えられた課題を達成できるかはわからない。わからないけれども、悲観主義者のように何もしなければ、当然何も達成できないし、楽天主義者のように何とかなると考えて自分では何もしなければ、課題を達成できない。

キーネーシスとエネルゲイア

アリストテレスは、キーネーシス（動）とエネルゲイア（現実活動態）について、次のように対比して論じている（アリストテレス『形而上学』）。普通の運動（キーネーシス）には始点と終点がある。そのような運動は、速やかに効果的に達成されるのが望ましい。例えば通勤や通学時には、一刻も早く勤務先や学校に到着したい。その際、目的地に着くまでの動きは、まだ目的地に達していないという意味で未完成で不完全である。「なしつつ」あることではなく、どれだけのことをどれだけの期間に「なしてしまった」かが重要である。

これに対して、エネルゲイアにおいては、「なしつつある」ことが、そのまま「なしてしまった」ことである。エネルゲイアとしての動きは、常に完全で「どこからどこまで」、即ち効率という条件とも「どれだけの間に」ということとも関係がない。例えばダンスにおいては、踊ることそれ自体に意味があるのであって、ダンスをすることで、どこかに到着しようとは誰も思わないだろう。踊った結果として、どこかに到着するかもしれないが、どこかに到着することを目的としてダンスをする人はない。旅もこのエネルゲイアの例になるだろう。効率的に目的地に着くことに意味はない。目的地に着く前も既に旅をしているのであり、目的地に着くことが旅の目的ではなく、旅は家仕方で流れ始める。効率的に旅をすることに意味はない。

それでは、生きることははたしてキーネーシスかエネルゲイアなのか、どちらの種類の動きだろうか。「あなたは今、人生のどのあたりにいますか」とたずねると、多くの人は人生を直線としてイメージし、若い人であれば線の始まりの方を指し、年配の人であれば終わりに近い方を指す。人生を直線と見なし、この直線は誕生とともに始まり、死で終わるというふうに考えることが、このように答えることの前提である。しかし、まだ折り返し点（中間点）までは遠いと答える人もあるかもしれないが、実のところは誰にもわからない。なぜなら、その答えは、まだこれからも長く生きることを前提にしているが、実際には、折り返し点をとうの昔に通過しているかもしれないからである。もっとも、これは後になってみなければわからない。

そもそも、人生をこのように空間的に表象し、誕生で始まり死で終わるというふうに線分の形でイメージできるかは自明のことではない。むしろ、そのようにイメージしない方が、人生の真実に近いように思う。生きることは、キーネーシスかエネルゲイアかといえば、アリストテレスがいうように後者ではないか。どこに到達しなくても、それを待たずに、刻々の「今」を「生きてしまっている」からである。

そのように考えれば、人生が突然終わることになったとしても、若くして志を遂げずに、道半ばで倒れたことにはならない。

われらのアドラーは、一九三七年の五月二十八日に六十七歳で忽然《こつぜん》とこの世を去った。スコットを出た瞬間から始まる。その時々がそのまま旅である。旅においては時間は常とはまったく違ったランドのアバディーンでのことだった。アバディーン大学で四日間の連続講義を行った。無事講演を終え、次の講演の地へと出発する日の朝、一人で食事をすませ、散歩に出ようと思ってホテルを後にした直後に、アドラーは倒れた。ちょうど仕事に行くところだった若い女性がアドラーの姿を見ていた。アドラーは運動選手のように大股で歩いていたという。ところがふいに転倒した。

アドラーの講義を受けていた神学生がアドラーであることに気づき、救命処置をするためにネクタイを緩めようとしたところ、アドラーは「クルト」とつぶやいた。息子の名前である。心臓マッサージも施したが、意識は戻らなかった。救急車が到着し担架に乗せられる時、その場にいた人は、アドラーが自分の身体を運ぶのを容易にするために協力しているように見えた、といった。アドラーは救急車が病院に着く前に絶命した。心筋梗塞だった。

アドラーとて、自分がこんなふうに突如として死ぬとは思っていなかっただろう。誰にも明日のことはわからない。しかし、それにもかかわらず、生は明日を待たず、今ここで完成するのである。

死をめぐって

アドラーが医師になる決心をした経緯を先に見たが、その際、アドラーが問題にした死について最終的にどんなふうに考えたかを見届けたい。

死の恐れから逃れるために人が行うことは、死を無効化することである。つまり、本当は人は死な〈ない〉、他者については、死んで〈ない〉というふうに納得しようとするのである。ただし、今のあり方とはたしかに形は変わるのだが、死ねば人は無になってしまうのでなく、何らかの形で残る（例えば、風になるというふうに）と考える人がある。また、生きている時と変わることなく、例えば霊能者の力を借りれば、死者と交信することすらできると考える人もある。

精神科医のエリザベス・キューブラー＝ロスは、「死とはこの人生からべつの存在への移行にすぎない」（キューブラー＝ロス他『永遠の別れ』）という。これは彼女が晩年に到達した考えだが、死はただ「移行」でしかないのだろうか。キューブラー＝ロスは二〇〇四年八月二十四日に亡くなった。キューブラー＝ロスの死期が近づいた時、彼女を偶像視する人たちは、何か途方もないことが起こるに違いない、と胸をわくわくさせて期待していたかもしれない、とデーヴィッド・ケスラーはいっている（同書）。無論、何も起こらなかった。ドストエフスキーの『カラマーゾフの兄弟』の中で、ゾシマ長老が亡くなった時、奇蹟が起こることが期待されたが、実際には普通の人よりも早く腐臭が漂ったという話があったことを私は思い出した。

奇蹟の出現はなくても、死後の生があることを期待する人は多い。死後にも生きているのであれば、それはもはや死とはいえないのではないかと思うのだが、このように死を無効化するような考えに私は与《くみ》することはできない。死を前にした人や愛する人に先立たれた人が、死後の生を望む気持ちはわかるのである。死後も、人が無にはならないと信じられればこそ、死の恐れを克服でき、残された人は悲しみを癒される。

若くして亡くなった私の母は、子どもたちのために尽くした一生を送ったといってもいいくらいだが、これから人生を楽しめるという矢先に亡くなった母のそのような人生が、はたして報われているのだろうか、と私も思ったことがある。スイスの哲学者、カール・ヒルティは次のようにいっている。

「地上で罰が加えられないことがあるのは、われわれの見解からすれば、むしろ、この世ですべての勘定が清算されるのではなく、必然的になおそのさきの生活があるにちがいない、という推論を正当化するであろう、と」（ヒルティ『眠られぬ夜のために』）

このように信じることは間違っていないし、それどころか、そのようであればとさえ思うこともある。ただ私自身のことになると、悪人が罰せられなかったり、善人がこの世で報われないのであれば、そのことが来世があることの証拠であるというような証明できない考えに希望をつなぐことはできないのである。

死の恐れの克服

死は、それだけが特別なものとして生とは別にあるわけではなく、生の一部である。キューブラー＝ロスのいう死の受容の五段階はよく知られている。そのキューブラー＝ロスが「〔死の受容の〕五段階を知ることだけが重要なのではない。生の喪失だけが重要なのではない。重要なのは、生きられた生である」（キューブラー＝ロス他『永遠の別れ』）といっている。

死が生の一部としてあるというのは、まず先に見たように、死を無効にするということではない。死そのものについては、それがどのようなものかはわからないが、死に先だって死を迎える準備は、人生の課題であるからである。死にどのように直面するかは、事態としては重いものであっても、人が他の人生の課題に直面することと基本的には同じであって、死を迎えるという課題に対してだけ、人が他の人生に対するのとは違う特別な態度で向き合うことはできない。

次に、死がどんなものであるかにかかわらず、人は今の生を幸福に生きることができる。死を間近にした時に、生き方を大きく変えないといけないようでは、それまでの生き方に問題があったのではないか、と思うのである。それゆえ、ほめられることを期待しない生き方をしてきたのであれば、ヒルティがいうように、来世において報われることがなくてもいい、と考えたいのである。

さらに、このように書いた時に念頭にあったのは、ソクラテスがいうように、死について、それが恐ろしいものだと考えることは、死について知らないのに知っていると思っていることだ、ということである（プラトン『ソクラテスの弁明』）。もっとも、死が「あらゆる善きものの中の最大のもの」であるかはわからないのだが、それが善きものであるという可能性がまったく排除されているわけではないだろう。

ニーチェの『ツァラトゥストラ』は、「十年孤独を楽しんで倦《う》まなかった」ツァラトゥストラが、山から下りてくるところから始まる。ある日、泉を探していたら緑の草地に出てしまった。そこでは乙女たちが手を組んで踊っていた。彼女らは彼を見ると踊りをやめてしまった。しかし彼は友好的な態度で近づいて、こういった。

「愛らしい乙女たちよ、踊りをつづけるがいい。おまえたちのところへ来たのは、意地悪い目をした遊技の妨害者ではない。乙女たちの敵ではない……なるほどわたしは森であり、深い木立の闇である。だが、わたしの暗さをこわがらない者は、わたしの糸杉の木立の下にばらの咲く斜面をも見いだすだろう」（ニーチェ『ツァラトゥストラ』）

ここでいわれる「深い木立の闇」は死のたとえである。死は、生きている限りは決して体験できない。臨死体験をした人はあっても、死体験をした人はいない。死がどのようなものであるかを知ることはできず、既に知っていることの何によっても死を説明することはできない。それゆえ死は闇であって暗いけれども、「敵」であるとは限らない。『ツァラトゥストラ』のこの箇所を引いて、哲学者の田中美知太郎はいう。「死の自覚こそ生の愛である」（田中美知太郎『ギリシア人の智慧』）。死に目をそむけないことが、かえって生を愛することを可能にする。このような死は恐ろしいとは限らない。それは対人関係における他者と同じく敵ではなく、八木誠一のフロント構造理論について見たように、他者としての死は私を完成させる、と今は私は考えている。

このように考えることができるにもかかわらず、人生の終わりに必ず待ち受けている死について、それを否定的に見ることに何か目的があるのではないかと考え、私はそれを先に未来に向けた原因論と名づけた。過去に起こったことが、今のあり方の原因であると見るように、未来に起こることが、今の、そしてこれからのあり方の原因になると、今の現時点で決めてしまうわけである。そのように決めておけば、この未来を射程に入れた原因論は、直面する困難な課題を前にした時、それを解決するために格別の努力をすることを回避させ（正確には、そのような努力を回避できると思い込むということだが）、自分が不幸であることを納得することができ、あるいは今は幸福であっても、将来的にそれが失われる時に受けるであろうショックを軽減することができる。このような目的があるという意味で、試みに「未来に向けた原因論」と名づけた見方も目的論である。

人はなぜ加齢、病気、死を恐れるのか。この問題は、アドラーが他のすべての問題について考察した時と同じく、そのような恐れの目的は何かを見ていく必要がある。即ち、何か解決困難な問題がある時、それを回避する口実として、これらの問題が必要なのである。見方を変えれば、人生の課題を解決しうると考えることができれば、加齢、病気、死は怖いものではなくなり、死固有の問題が見えてくる。何かの課題を解決することを回避するために死を恐れることは、死固有の問題ではないのである。

死がどんなものであるかはわからないが、病気になってから考えるようになったことがある。以前は、不死といっても、人生という川が海と一体化するというようなことであれば、つまり、この私という個性がなくなってしまうのであれば、結局は死と同じではないかと考えていたのである。宇多田ヒカルは「Deep River」の中で、そのように海にたどり着き一つになるから怖くはない、と歌っているのだが、そうは思えなかった。私はいわばパーソナルな死をイメージしていたのである。私を私たらしめる働きを人格という。即ち十年前も今もこの私が同じであると感じるとすれば、そのような連続性を保証する働きが人格である。そのような人格が、何らかの形で死後も保持されることを望んでいたのである。

しかし、たとえ死によって人格や個性が何か大きなものと一体化するとしても、それどころか、死ねば何もなくなるとしても、それでもいいではないか、と考えるようになった。一つは、現にこうして生きている時ですら、私という人格は私だけでは完結していないということがある。このあり方が、死後どうなるのかはわからないが、今でも実は他者から切り離された「個」性ではないのである。

もう一つは、これまで何度も見てきたように、アドラーが、「私」に執着することの問題を指摘しているということがある。「私」がどうなるかということを第一義的に考えるのでなければ、私がなくなることを恐れることなどないではないか。そんなふうに考えるようになったのである。そして、よくいわれるように、私のことが忘れられても、それはそれでもいい。私自身は亡くなった人のことを忘れないでいたいと思うが、そのことを私は他者に期待しない。

アドラーは、次のようにいっている。

「〔人生〕最後の試験は、加齢と死を恐れることである。子どもという形で、あるいは文化の発展に貢献したことを意識することで、自分の不死を確信している人は、加齢と死を恐れることはない」（『生きる意味を求めて』）

劣等感を克服するためには、自分が人に貢献できると感じられることが必要である。別のところではアドラーは、時間は有限で人の生の最後には必ず死がくるが、その中にあって共同体から完全に消え去ることがないように願う人に不死を約束するのは、全体の幸福に貢献することであると述べ、その例として、子どもと仕事をあげている（*Superiority and Social Interest*）。

私が不死であるかはそれほど重要ではない。人によって形は違うが、子どもや自分がなしとげた仕事など、何か残すものがあれば、それが後世の人に貢献することに意味がある。

よく生きる

結局、死がどんなものなのかはわからない。また、どれくらい生きられるかも、誰にもわからないのだ。自分では決められないのであれば、そのことを思い煩っても意味がない。アドラーがいうように、ただ生きるために汲々とし、生きることが非常に困難であるような人があまりに多い（『人間知の心理学』）。それなら、どんなことがあっても命が助かるとか、長く生きようということにばかり気を向けず、与えられた生の中で、できることをすることに努めるしかないだろう。アドラーが「大切なことは、何が与えられているかではなく、与えられているものをどう使うかだ」（『人はなぜ神経症になるのか』）といっていることは、生の問題全般に当てはまるといえる。

私は、ソクラテスが次のような言葉を語っていることを思い出す。即ち、どれほどの時間を生きながらえるかを問題にしてはならず、生命に執着してはならない。むしろ、「それらのことは神に任せ、定められた運命は誰一人免れることはできないという女性たちの言葉を信じ、その次のこと、つまり、どうすれば、これから生きるはずの時間をもっともよく生きられるかを考えなければならない」（プラトン『ゴルギアス』）。

死のことを考えないために、よく生きることにだけ注意を向けるというのではない。充実した恋愛関係にある人は、この恋は続くのだろうか、と先のことを心配しない。逆に、先のことをいささかも考えないほど充実していれば、その恋愛は成就するということもできる。二人の関係が充実していない時、先のことばかりが気になり不安になる。

人生も同じではないだろうか。よく生きることに専念していれば、先のことは気にかからなくなる。気にかける必要がなくなる。死後どうなるのだろうということが気になるとすれば、この生をよく生ききれていないからであるといえるだろう。

ソクラテスは「これから生きるはずの時間をもっともよく生きられるかを考えなければならない」といっているが、これは「大切にしなければならないのは、ただ生きることではなく、よく生きることである」（プラトン『クリトン』）というソクラテスの言葉に呼応している。

アドラーもこういっている。

「人生は限りのあるものであるが、生きるに値するものであるには十分長い」（『子どもの教育』）

既に見たように、アドラーは、「私に価値があると思えるのは、私の行動が共同体にとって有益である時だけである」といった（*Adler Speaks*）。ここでいわれる「有益」は、よく生きるという時の「よさ」と同義である。これは、アドラーが「大切にしなければならないのは、ただ生きることではなく、よく生きることである」というソクラテスの言葉に具体的な内実を与えたと見ることができる。

こうして、生きることから離れて、老い、病気そして死について考えても、最終的には生の問題に立ち返ることになる。

生きる喜び

アドラーは、しばしば、「生きる喜び」という言葉を使っている。生きることが大変であるのは本当だが、深刻にならず生きることに喜びを感じたい。常に快適なことばかりが待ち受けているわけではないとしてもである。エネルゲイアとしての生は一瞬一瞬を大切にする。しかし、そのように生きるからといって、常に息詰まるような緊張感の中に生きる必要はない。

ある日、私は病院で診察の順番を待ちながら、死だけはまだ経験していないという当たり前のことに気がついた。これまで死ななかった人は誰一人としてなく、今、生きている人も、早い遅いの多少の違いはあっても、いずれは皆死ぬのである。それに直面することには、勇気がいるかもしれないが、わくわくした気持ちで死を迎えることも可能かもしれないし、そんなふうであってもいいのではないか、とふと思った。

先に楽天主義でも悲観主義でもない、楽観主義について見たが、これは何とかなるかどうかはさしあたってはわからないとしても、何ともならないと考えるのではなく、とにかくできることをしようと考え、できるところから着手し、課題の解決に取り組む姿勢である。

いつも準備しているということ

これまで見てきたように、病気も死も突然、現れるのである。しかし、たしかに突然ではあるが、何もできないわけではない。

アメリカの小説家、ポール・オースターが八歳の時、初めて大リーグの試合に行った。試合の後、ニューヨーク・ジャイアンツのウィリー・メイズの姿を目にした。メイズはユニフォームから普通の服に着替えて、オースターのすぐ目の前に立っていた。ありったけの勇気を奮い起こしていった。「サインしていただけませんか?」。「ああ、いいよ」とメイズはいったが、「坊や、鉛筆は持ってるか?」とたずねた。ところがオースターは、鉛筆を持っていなかった。父親も、その場にいた大人たちも誰も鉛筆を持っていなかった。彼は肩をすくめていった。「悪いな」。そして野球場を出て、夜の中に消えていった。

その夜以来、オースターは、どこに行くにも鉛筆を持ち歩くようになった。鉛筆で何かをしようという目的があるわけではなく、「ただ、備えを怠りたくなかった。一度鉛筆なしで不意打ちを食らったからには、二度と同じ目に遭いたくなかったのである」（オースター『トゥルー・ストーリーズ』）。

「ほかに何も学ばなかったとしても、長い年月のなかで私もこれだけは学んだ。すなわち、ポケットに鉛筆があるなら、いつの日かそれを使いたい気持ちに駆られる可能性は大いにある。自分の子供たちに好んで語るとおり、そうやって私は作家になったのである」（同書）

残念ながら、準備ができていないからといって、死は「悪いな」と立ち去ってはくれない。しかし、できることならば、死に限らず人生のどんな出来事にあっても、動じないでいられるだけの準備を怠らないようにしたい。その準備とは、常に死のことにばかり目を向けているという意味ではないのだが。好機であれば、なおさらそれを逃すことがないように準備をしていたい。もっとも何が自分にとって好機なのか、それがいつくるかは決められないことなのだが。

さらにいえば、好機が訪れたからといって、それを自分のものにできるとは限らない。人はいわば向こう側に鍵がかかっていて、こちらからは決して開くことができない門の前に佇んでいるかのようである。しかし、少なくとも、門の前までは近づくことはできる。

二重性

しかし、いつも準備しているといっても、この「今」は準備のためだけの時であるということではない。およそどんなことも、最終的に完成するかもしれないが、完成しないかもしれない。完成することは望ましいことだが、完成しなければ、そこに至る時間は無駄になったかというと、そんなことにはならない。結果を出すことは重要なことだろうが、どんなことをしても、ただ結果を出しさえすればいいというわけではないだろう。そこに至るプロセスも楽しんでいいし、事実楽しむことができる。

たしかに準備をしていなければ、好機を逸してしまうことはある。しかしその好機は必ずしも大きな出来事ではない。準備を怠らずに今に集中することで、さもなければ見過ごしてしまうような日常の些細な出来事の中にも、人生の大きな転機を見出すことは可能である。

「たとえ世界が明日終わりであっても、私はリンゴの樹を植える」というルターの言葉のごとく、永遠の時間があるかのように、事に取り組みたい。有限の時間を思えば、はたして今手がけていることをやりとげることができるだろうか、と思うことはある。しかし、アドラーはこのようにいっている。

「自信があり、人生の課題と対決するまでになった人は、焦燥したりしない」（『生きる意味を求めて』）

逆にいえば、自信がない人は焦るのであり、その焦燥を説明するために、時間が有限であることを持ち出すということである。

このように、先のことも見据え、かつ今ここに集中するという二重の生き方が求められる。即ち、現実がどうであれ理想を見失わないということと、今ここに生きることを重視することを両立させたいのである。先のことを思い煩わない、わからないことについて悩まないというのは、今の幸福を見失わないために必要なことだが、目標や理想を持っていなければ、目先のことにとらわれてしまうことになる。今、直面している困難がすべてであり、それが解決しなければ一歩も前に進めないように思えるような出来事に遭遇しても、長い目で見れば、あるいは後になって振り返れば、たしかにそれは人生における大きなエピソードではあったが、致命的なことではなかった、それなのに、どうしてあれほど思い悩んだのだろうと思うことはないだろうか。理想は既に見たとおり「導きの星」(『生きる意味を求めて』)としてあり、それに目を向けている限りは迷うことはない。このような目標が視界に入っていなければ、目先のことにとらわれて一喜一憂するような刹那的な生き方しかできないことになる。

また、目標が明確であれば、いったんは決心してやり始めたことを、何らかの理由で続けることができなくても、それまでやってきたことが目標を達成するための手段であることがわかってさえいれば、行き詰まったことにいつまでも固執することはなく、別のことを始めてもいい。何が何でも一度決めたことだから最後まで達成しなければならないと考え、それに固執することは徒労に終わることがある。その一度決めたことは、いずれにしても究極目標ではないのだから決心を翻す勇気を持ちたい。

この究極目標は、端的にいえば幸福である。すべてはこの目標を達成するための手段である。以上、本書で明らかにしようとしてきたのは、幸福になるためには個人的な幸福を追求するだけでは十分ではないということである。

内村鑑三は、天文学者のハーシェルを引きながら、「われわれが死ぬまでにはこの世の中を少しなりとも善くして死にたいではありませんか」といっている（内村鑑三『後世への最大遺物』）。

この世界は完全ではない。われわれの人生もいつも楽しいことばかりではない。苦しいことばかりであるとまでは私は思わないが、歳を重ねるにつれて身体は衰え病気にもなる。人里離れたところに独りで住むならいざ知らず、人と関わる以上、対人関係のトラブルも避けることはできない。

それにもかかわらず、生きることを楽しむことはできる。アドラーは、しばしば「この地球の上でくつろぐ」という表現を使う。

「この地球の上でくつろぐ人は、人生の快適なことだけではなく、不快なことも自分に属していることを確信している」（*Superiority and Social Interest*）

不快なことが自分に属しているというのは、ただ個人的なことについていわれているのではなく、この世界における理不尽なことも念頭に置かれている。そういうことも、自分に無関係であるわけではない。

「たしかにこの世界には、悪、困難、偏見がある。しかし、それがわれわれの世界であり、その利点も不利な点もわれわれのものである」（*What Life Could Mean to You*）

この世界に悪や困難などがあることに注意した上で、利点も不利な点もあるこの世界の中で、自分の課題に適切な仕方で臆することなく立ち向かっていくならば、「世界を改善するにあたって自分の役割を果たすことができる」といっている（同書）。

何もしないで手をこまねいているのではなく、自分の役割を果たすこと、それはこれまでの議論の中では、貢献することに相当するが、そうすることでこの世界において悪や理不尽なことがあるとしても、その中に自分の居場所を見出すことができる。

ところが、人生とその課題を特別に困難なものであると見る子どもたちについて、アドラーは、こんなふうにいっている。

「このような子どもが、人生とその課題を特別に困難なものである、と見ており、損害を被ることがないようにして、大抵、自分の境界を守り、疑い深くまわりを見ているということは、容易に理解できる。この過剰な注意という重荷を担い、軽率な仕方で失敗するという運命に身を曝すよりは、むしろ、大きな困難と危険をかぎつけて、課題を回避するという傾向を発達させるだろう」（『人間知の心理学』）

困難があるから課題を回避するのではなく、むしろ失敗を恐れるがゆえに課題を回避するのであり、課題を回避する理由として、人生とその課題に大きな困難と危険を探すのである。

「さらに、このような子どもたちに共通する特徴、同時に、共同体感覚があまり発達していないことの顕著な兆候は、他の人のことよりも自分のことをより多く考えるということである。一般に、このような人は、悲観的な世界像を持つ傾向があり、誤ったライフスタイルから救済されなければ、生きることを楽しめないのである」（同書）

誰もが人生を楽しめないわけではない。自分のことしか考えず、悲観的な世界像を持つ人が、人生を楽しめないのである。見方を変えていえば、自分のことだけではなく、他者のことを考えることができれば、人生の課題を解決するために、苦しみを増幅することは必要ではなくなる。このような人は、先に見たように、課題に立ち向かうのも、ただ自分のためだけではなく、そうすることによって、世界を改善するための役割を果たすことができるのである。

飛躍の勇気

以上、私は、どうすればこの人生を生き抜くための勇気を持てるか考えてきた。たしかに、この人生は苦しいのである。とりわけ真剣に生きようと思う人にとっては苦しい。しかし、人生は誰にとっても等しく、ただただ苦しいというわけではない。

病気や死という課題を前にした時だけではなく、人生のあらゆる場面で、われわれはこの人生を自分で意味づけしている、というのがアドラーの基本的な考えである。そして、この意味づけのあり方が各人のライフスタイルである。このライフスタイルを、無自覚的であったかもしれないが人は自分の決断で選んだ、とアドラーは考える。だからこそ違うライフスタイルを選ぶ、つまりはそれまでとは違う仕方で人生を意味づけしようという決心をすることで、人生は変わりうるのである。

しかし、意味づけを変えてみても、人に苦しみを与えうる出来事に会うことには変わりはないというのも本当である。幼い子どもがするように、怖いからといって目を固く閉じてみても、現実から目を背けてみても、事態は何も変わらない。誰も老いや病気、そしてついには死と直面しないわけにはいかないのである。このような特別なこと（と考える人もあるだろう）でなくても、人が孤立しては生きられない以上、他者と関わることが既に苦しみになりうる。しかし、それらが苦しみであるかどうかは、実のところ自明のことではない。誰もが同じように、それらを苦しみとして体験するわけではないからである。

本書で私が試みたことは、避けられない人生の課題を前にして、それが必要以上の苦痛をもたらすことがないようにすることである。死を無効化する試みについて先に見た。しかし、どんなことをしてみても、死が存在することを否定することはできない。しかも、死は人生の最後になってようやく訪れるというものではない。夜中にふと目が覚めた時に心臓の高鳴りを聞いて、自分が今しがたまで死の間近にいたことに思い当たった人はないだろうか。しかし、ちょうど鳩に抗《あらが》う空気が飛翔を妨げるのではなく、かえって飛翔を助けるように、苦しみをもたらすとされる課題をも人生を生き抜くための糧とすることはできる。そのためには、あきらめることなく飛躍する勇気が必要である。

アドラーは、劣等感について「この苦痛に満ち、不安にさせる感情から精神発達の大きな飛躍を引き出すことができる」といっている（『人間知の心理学』）。

そのことが可能になるためには、長年慣れ親しんできたライフスタイルを変える必要に迫られるだろう。ライフスタイルを選択した最初がいつのことであれ、そしてその後、どれほど長い間、自分のライフスタイルを意識することなく生きてきたのであれ、自分のライフスタイルを「今」知ってしまったら、それからどうするかは、先にも見たように本人に責任が生じる。アドラーは次のようにいう。

「〔ライフスタイルの〕誤りを正すために協力するよう説得することに成功するや否や、そうする決心をするかどうかは個人に任される」(*Superiority and Social Interest*)

誤りを正すには協力すること、さらにこれまで使ってきた言葉を補うならば、世界を改善するために自分の役割を果たし、他者に貢献する決心をするということである。

遊びとしての生

プラトンの最晩年の対話篇である『法律』の中に、「正しい生き方とは一種の遊びを楽しみながら生きることである」と書いてあることが、私の注意を引いた。汲々として生きていた時に、この一節を目にして、自分の生き方がいかに楽しむというところから遠いかに思い当たった。人生を同じことの繰り返しにしない。そうすることはたしかに冒険だが、失敗することがない安全圏に常にとどまろうとしたり、まして人生の課題から退却することからは、生きる喜びを得ることはできないだろう。

アドラーは、この「生きる喜び」という言葉をよく使っている。生きることが大変であるのは本当だが、深刻にならず、生きることに喜びを感じることはできる。常に快適なことばかりが待ち受けているわけではないとしてもである。エネルゲイアとしての生は一瞬一瞬を大切にする。しかし、そのように生きるからといって、常に息詰まるような緊張感の中に生きる必要はない。

先にエネルゲイアとしての生き方について見た時に、生きることをダンスにたとえたが、今ここに生きることで、常に息詰まる緊張状態の中に身を置くのではなく、心から人生を楽しみたい。アドラーも、生きる喜び、喜びに満ちた人生、生きる楽しみについて随所で語っている。遊びなどと書いてあると、真面目な私はどこか後ろめたい思いがするのだが、何かが達成された時にしか楽しめないというのではなく、むしろ今ここにおいて楽しんでいいのであり、それどころか、今ここにおいてしか楽しめないということである。

アドラーの遺産

ホフマンは、アドラーの創始した心理学が、アドラー個人に負っていたがゆえに、アドラーの死後、衰退したというが（ホフマン『アドラーの生涯』）、私は必ずしもそうは考えない。むしろアドラーは自分のことも個人心理学のことも忘れられてもいいといっているのである。実際、今日、アドラーの名前はフロイトやユングと比べると、あまり知られているとはいえない。

しかし、忘れられたというよりは、アドラーの考えは当たり前すぎるように思えるので、ことさら、これは誰がいったことか問題にならず、アドラーの名前が語られないということがある。

実際、アドラーが語る思想は、特別のものだという印象を与えなかった。アドラーがあるところで講演した時、「今日の話はみんな当たり前の話（コモンセンス）ではないか」といった人があった。アドラーは答えた。

「それで、コモンセンスのどこがいけないのか？」（Brett, Introduction. In Adler. *Understanding Life*）

公にはアドラーを無視しておきながら、実際には自分でも知らずに「隠れアドラー派」（crypto-

Adlerian）になっているということはある。一言の断りもなく、多くのものを剽窃《ひょうせつ》された人はアドラーを措いて他にあまり例を見ない（エレンベルガー『無意識の発見』）。フランス語のイディオムを用いるならば、アドラーの学説は「共同採石場」（une carrière publique）であって、誰もが平気でそこから何かを掘り出してくることができるのである。このことをアドラーはどう思ったであろうか。

アドラーが「自分への執着」が個人心理学の中心的な攻撃点である、といっていることは先に見た。もしもアドラー自身が「自分への執着」を持っていなければ、自分の説いたことに自分の名前が冠せられないとしても、そのことをことさらに不快に感じたとは思わない。

たしかに、アドラーは、晩年になって活動の拠点をアメリカに移し熱狂的に支持されたが、フロイトの弟子であるといわれることを極度に嫌った。アドラーの学説はフロイトの学説とはまったく異なる以上、アドラーがフロイトの弟子と見なされることで、その学説までもがフロイトのものに類似したものと見なされ、誤解されることは回避したかったのであろう。しかし、正しく理解されるのであれば、自分の学説が、たとえ名前に言及されなくても、共有されることまでは拒まなかった。それどころか、アドラーは次のようにさえいっている。私の名前を誰も思い出さなくなる時がくるかもしれない。アドラー派が存在したことすら忘れられてしまうかもしれない。それでもかまわない、と。「心理学の分野で働くすべての人が、私たちと共に学んだかのように、行動することになるだろうから」（Manaster et al. eds., *Alfred Adler: As We Remember Him*）

このような状況にあって、たとえ、アドラーの名前は知られていなくても、アドラーの遺産は確実に受け取られていることを、アドラー心理学を学んできた一人として、私は誇りに思っている。

しかし他方、もしもアドラーが今も存命であれば、教育の場面でも、政治の場面でも、悲しむに違いない現実があるのは本当である。序章で見たように、時代に一世紀先駆けているといわれたアドラーであるが、死後七十年経った今日でも、時代はアドラーに追いついていないと見える現実は多々ある。共同体感覚や対等の関係は、今も十分「新しい自明性」にはなっていないように思う。アドラーが語ったことの中で、もはや時の検証に堪えないこともあるだろうが、アドラーが語った言葉そのものに拘泥するというよりは、アドラーが目指していたこと、あるいはアドラーがもしも今のこの時代に生きていればいったであろうことこそ、アドラーの遺産として引き継いでいきたい。その必要性は、アドラーが生きた時代よりもさらに切実で切迫したものになっている。

先にも書いたように、アドラー自身はヒトラーが第二次世界大戦を引き起こす前に生涯を終えた。多くのアドラー派の人たちは収容所に送られ、その意味でアドラー心理学は一度アウシュヴィッツで滅んだともいえるが、戦後はアドラーに師事し、後にアメリカに渡ったルドルフ・ドライカースがシカゴを中心にアドラー心理学の普及に貢献し、今日アメリカだけではなく、世界中で実践されている。日本では、精神科医の野田俊作が一九八二年にシカゴのアルフレッド・アドラー研究所に留学、帰国後、一九八四年に「日本アドラー心理学会」を設立した。アドラーの思想は着実に受け継がれている。

アドラーはアバディーンでわれわれを残して忽然と逝ったけれども、アドラーなら、こんなふうにいうのではないか、と次のプラトンの対話篇中のソクラテスをアドラーに代えていつも思う。

「もしも僕の言葉に従ってくれるなら、ソクラテスのことはあまり気にしないで、それよりも真理をずっと気にかけてくれたまえ。そして、もしも僕が真実を語っていると君たちに思えたら同意し、そう思えなければ、あらゆる議論をつくして反対してくれたまえ」（プラトン『パイドン』）

あとがき

「一羽の燕は春を作らない」という古代ギリシアの諺がある。ある日、親が意を決して、子どもに「ありがとう」といってみたら、思いがけず笑顔で応えた。なんだ、簡単なことなのだ、と思う。しかし、次の瞬間、子どもは親の神経を逆なでするようなことをいう。先ほどまでの幸福な気分は一瞬にして雲散霧消する。こんなにも簡単に元に戻ってしまう自らを省みて、アドラーはつくづく難しいと思う。人生の一大事でなくても、こんな日々の対人関係が人生の試練になる。

アドラーもこんなふうにいっている。

「心理学は一朝一夕に学ぶことができる科学ではなく、学び、かつ、実践しなければならない」(『子どもの教育』)

たしかにアドラーの言葉そのものはやさしいのである。いわれていることを理解することもそれほど難しいわけではない。中身のない空虚なことを美辞麗句で飾って話したり、あるいは、必要もないのに難解な言葉で話す人は今も昔も多いが、アドラーほどシンプルな言葉で語りかける人を私は知らない。それなのに、アドラーの言葉を受け止めることに抵抗する人が多いわけは、本書で明らかにしたとおりである。それでも抵抗する人のほうが、アドラーの考えを生半可にわかったと思っている人よりもアドラーの理解に近いともいえる。アドラーのやさしさは曲者である。

アドラーが語る言葉を受け止めることに抵抗があるのは、実践が難しいからだけではない。私はもともと古代ギリシアの哲学が専門であることもあって、アドラーの著書を読むと、いつもプラトンの対話篇を通じて知るソクラテスと重ねてしまうのだが、そのソクラテスについて、次のようにいった人がいた。

「最初は何か他のことから話し始めるのに、ソクラテスの言葉に引っ張り回され、ついには必ずその人自身のことに話は及び、今、どんな生き方をしているか、それまではどんなふうに生きてきたかをいわされることになるのです。いったんそうなると、その人のいったことを何もかも吟味するまでは、ソクラテスは放してはくれないでしょう」（プラトン『ラケス』）

ソクラテスもアドラーもわれわれの生き方を問い、それを厳しく吟味する。そのままのあなたでいいというような甘言を語らない。だからこそ耳を覆い、逃げ出したくなるのである。

これまでの生き方の吟味を迫るアドラーの言葉は厳しい。しかし、アドラーは、本書で明らかにしたように、これまでの人生はこれからの人生をどう生きるかには何ら影響を与えないことを力説する。そう思えればこそ、生きる勇気を持つことができるのである。

本書が、生きづらさの責任を過去の経験や他者に求めることなく、勇気をもってこの人生を生き抜く決心をするきっかけになれば、と思う。めんどうな議論もしたが、粘り強く考え抜いてほしい。本書を読み終わった今、まわりの世界がそれまでとは少し違ったふうに見え始めていますように。

本書が成るにあたっては、多くの人からのお力添えをいただきました。就中《なかんずく》、野田俊作先生の長年にわたる学恩に感謝します。「井戸端会議ができる哲学者になれ」という先生の言葉は折に触れて思い出します。その言葉を聞いて以来、私は、アドラーの息子で精神科医のクルト・アドラーが父親を評した時に使った言葉を借りるならば、「肘掛け椅子にすわり観念だけを追い求めるインテリとは正反対の」哲学者であろうと、決心しました。

ギリシア哲学の師である藤澤令夫先生にも感謝します。若い日、先生の講筵《こうえん》に列する機会がなければ、本書は決して書くことはできなかったでしょう。本書をもはや読んでもらえないことは寂しい限りです。

編集を担当してくださった木嵜正弘さんには、草稿段階から細かいところまで丹念に原稿を読んで有益な助言をいただきました。祇園祭の日、京都で「目から鱗の新鮮な思想」とアドラー心理学について熱く語られたことが昨日のことのように思い出されます。木嵜さんの熱意、ご尽力のおかげで、今書きうる最良の本を書くことができたと思います。

二〇一〇年三月　　　　　　　　　　　　　　　岸見一郎

参考文献

○アルフレッド・アドラーの著作

Adler, Alfred. *Studie Über Minderwertigkeit von Organen*, Fischer Taschenbuch Verlag, 1977 (Original: 1907).

Adler, Alfred. *Heilen und Bilden*, Fischer Taschenbuch Verlag,1973 (Original: 1914).

Adler, Alfred. *The Pattern of Life*, Wolfe, Walter B. ed., Alfred Adler Institute of Chicago, Inc., 1982 (Origial: 1930).

Adler, Alfred. *What Life Could Mean to You*. Edited and translated by Brett, Colin. One World Publications, 1992 (Original: 1931).

Adler, Alfred. *The Individual Psychology of Alfred Adler: Systematic Presentation in Selections from his Writings*, Ansbacher, Heinz L. and Ansbacher, Rowena R. eds., Basic Books, 1956.

Adler, Alfred. *Superiority and Social Interest: A Collection of Later Writing*. Ansbacher, Heinz L. and Ansbacher, Rowena R. eds., W. W. Norton, 1979 (Original: 1964).

Adler, Alfred. *Alfred Adler Psychotherapie und Erziehung Band III*, Fischer Taschenbuch Verlag, 1983.

Adler, Alfred. *Über den nervösen Charakter: Grundzüge einer vergleichenden Individualpsychologie und Psychotherapie*, Vandenhoeck & Ruprecht, 1997.

Adler, Alfred. *Alfred Adlers Individualpsychologie*, Ansbacher, Heinz L. and Ansbacher, Rowena R. eds., Ernst Reinhardst Verlag, 1982.

Adler, Alfred. *Adler Speaks*: *The Lectures of Alfred Adler*, Stone, Mark and Drescher, Karen eds., iUniverse, Inc., 2004.

アドラー、アルフレッド『個人心理学講義　生きることの科学』岸見一郎訳、一光社、一九九六年

アドラー、アルフレッド『子どもの教育』岸見一郎訳、一光社、一九九八年
アドラー、アルフレッド『人はなぜ神経症になるのか』岸見一郎訳、春秋社、二〇〇一年
アドラー、アルフレッド『生きる意味を求めて』岸見一郎訳、アルテ、二〇〇八年
アドラー、アルフレッド『教育困難な子どもたち』岸見一郎訳、アルテ、二〇〇八年
アドラー、アルフレッド『人間知の心理学』岸見一郎訳、アルテ、二〇〇八年
アドラー、アルフレッド『性格の心理学』岸見一郎訳、アルテ、二〇〇九年

○アルフレッド・アドラーに関する著作

Ansbacher, Heinz L. Introduction. In Adler, Alfred. *The Science of Living,* Double Day, 1996 (Original:1929).
Bottome, Phyllis. *Alfred Adler: A Portrait from Life*, Vanguard, 1957.
Brett, Colin. Introduction. In Adler, Alfred. *Understanding Life* (Original: *The Science of Living*). Brett, Colin ed., Hazelden, 1998.
Dinkmeyer, Don C. et al. *Adlerian Counseling and Psychotherapy*. Merrill Company, 1987.
Furtmüller, Carl. "Alfred Adler: A Biographical Essay", In Adler, Alfred. *Superiority and Social Interest*, W. W. Norton, 1979.
Hooper, Ann et al., *Adler for Beginners*, Writers & Readers, 1998.
Manaster, Guy et al. eds., *Alfred Adler: As We Remember Him*, North American Society of Adlerian Psychology, 1977.
Schulman, Bernard. *Essays in Schizophrenia*, The Williams & Wilkins Company, 1968.
Sicher, Lydia. *The Collected Works of Lydia Sicher: Adlerian Perspective*, Adele Davidson ed., QED Press, 1991.
エレンベルガー、アンリ『無意識の発見　力動精神医学発達史』木村敏、中井久夫訳、弘文堂、一九八〇年

岸見一郎『アドラー心理学入門　よりよい人間関係のために』ＫＫベストセラーズ、一九九九年
岸見一郎『不幸の心理　幸福の哲学　人はなぜ苦悩するのか』唯学書房、二〇〇三年
岸見一郎『アドラーを読む　共同体感覚の諸相』アルテ、二〇〇六年
岸見一郎『アドラーに学ぶ　生きる勇気とは何か』アルテ、二〇〇八年
岸見一郎『高校生のための心理学入門』アルテ、二〇〇九年
岸見一郎『子育てのための心理学入門』アルテ、二〇一〇年
ホフマン、エドワード『アドラーの生涯』岸見一郎訳、金子書房、二〇〇五年

○一般文献

Burnet, J(rec.). *Platonis Opera*, 5 vols., Oxford University Press, 1899-1906.
Freud, Sigmund. *Das Unbehagen in der Kultur*, Fischer Taschenbuch Verlag, 1994.
Laing, R. D. *Self and Others*, Pantheon Books, 1961.
Ross, W. D. (rec.) *Aristoteles' Metaphysics*, Oxford University Press, 1948.
内村鑑三『後世への最大遺物・デンマルク国の話』岩波書店、一九七六年
オースター、ポール『トゥルー・ストーリーズ』柴田元幸訳、新潮社、二〇〇四年
鹿島茂『文学的パリガイド』中央公論新社、二〇〇九年
加藤周一『9条と日中韓』かもがわ出版、二〇〇五年
キューブラー=ロス、エリザベス『死ぬ瞬間　死とその過程について』鈴木晶訳、中央公論新社、二〇〇一年
キューブラー=ロス、エリザベス、ケスラー、デーヴィッド『永遠の別れ　悲しみを癒す知恵の書』上野圭一訳、日本教文社、二〇〇七年
田中美知太郎『田中美知太郎全集　第一巻』筑摩書房、一九六八年

田中美知太郎『ギリシア人の智慧』（『田中美知太郎全集　第七巻』）、筑摩書房、一九六九年所収
辻邦生、小滝達郎『私の二都物語　東京・パリ』中央公論社、一九九三年
デュ・プレ、ヒラリー、デュ・プレ、ピアス『風のジャクリーヌ　ある真実の物語』高月園子訳、ショパン、一九九九年
ニーチェ、フリードリッヒ『ツァラトゥストラ』手塚富雄訳、中央公論社、一九六六年
ヒルティ、カール『眠られぬ夜のために』草間平作、大和邦太郎訳、岩波書店、一九七三年
藤澤令夫『藤澤令夫著作集Ⅱ　イデアと世界』岩波書店、二〇〇〇年
マルクス、カール『フォイエルバッハに関するテーゼ』（『マルクス＝エンゲルス全集』第三巻所収）大内兵衛、細川嘉六監訳、大月書店、一九六三年
むのたけじ『戦争絶滅へ、人間復活へ—九三歳・ジャーナリストの発言』岩波書店、二〇〇八年
八木誠一『ほんとうの生き方を求めて　共存のフロント構造』講談社、一九八五年
八木誠一『イエスと現代』平凡社、二〇〇五年
柳田邦男『新・がん50人の勇気』文藝春秋、二〇〇九年
レイン、R・D・『自己と他者』志貴晴彦、笠原嘉訳、みすず書房、一九七五年
レイン、R・D・『レイン　わが半生　精神医学への道』中村保男訳、岩波書店、二〇〇二年
鷲田清一『じぶん・この不思議な存在』講談社、一九九六年
『聖書』新共同訳、日本聖書協会、一九八九年

岸見一郎――きしみ・いちろう

●1956年、京都生まれ。京都大学大学院文学研究科博士課程満期退学（西洋古代哲学史専攻）。京都教育大学教育学部、奈良女子大学文学部（哲学・古代ギリシア語）、近大姫路大学看護学部・教育学部（生命倫理）非常勤講師、前田医院（精神科）勤務を経て、現在、京都聖カタリナ高校看護専攻科（心理学）、明治東洋医学院専門学校（教育心理学、臨床心理学）非常勤講師。専門の哲学に並行してアドラー心理学を研究、精力的に執筆・講演活動を行っている。日本アドラー心理学会認定カウンセラー・顧問。

●著書に『嫌われる勇気』（ダイヤモンド社、古賀史健と共著）『アドラー心理学入門』（KK ベストセラーズ）『困った時のアドラー心理学』（中央公論新社）『不幸の心理　幸福の哲学』（唯学書房）『アドラーに学ぶ（アルテ）、訳書にアドラーの『人生の意味の心理学』『人間知の心理学』『性格の心理学』（アルテ）など多数。

NHKブックス［1155］

アドラー　人生を生き抜く心理学

2010年 4 月 25 日　第 1 刷発行
2019年 10 月 10 日　第13刷発行

著　者　岸見一郎

発行者　森永公紀

発行所　NHK出版

東京都渋谷区宇田川町 41－1　郵便番号　150－8081
電話　0570－002－247（編集）　0570－000－321（注文）
ホームページ　http://www.nhk-book.co.jp
振替 00110－1－49701
［印刷］三秀舎　［製本］三森製本所　［装幀］倉田明典

落丁本・乱丁本はお取り替えいたします。
定価はカバーに表示してあります。
ISBN978-4-14-091155-6　C1311

NHK BOOKS

＊教育・心理・福祉

＊社会